AF339372

A B
Contraste Insuffisant
NF Z 43-120-14

LE
COUT DE LA VIE

Suite de l'enquête sur le prix
des denrées alimentaires dans 70 lycées

ET LES

Périodes de l'Histoire des prix en France

PAR

É. LEVASSEUR

Membre de l'Institut,
Administrateur du Collège de France.

EXTRAIT DE LA

REVUE ÉCONOMIQUE INTERNATIONALE.

NOVEMBRE 1910.

OFFICE DE LA REVUE : RUE DU PARLEMENT, 4, BRUXELLES.

LE COUT DE LA VIE.

L A présente étude comprend, après une courte introduction, quatre parties : 1° Un aperçu rétrospectif sur les périodes de l'histoire des prix et de leurs variations au XIXᵉ siècle et au commencement du XXᵉ; 2° Une étude analytique des données statistiques fournies par les lycées pour les années 1908, 1909 et 1910; 3° La crise de 1907 et le renchérissement du second semestre de 1910; 4° La distinction de la valeur intrinsèque, de la valeur commerciale et de la valeur sociale de l'argent.

SUITE DE L'ENQUÉTE SUR LE PRIX
DES DENRÉES ALIMENTAIRES DANS 70 LYCÉES.

— SOMMAIRE. — *I. L'enquête de 1908 et l'enquête de 1910. — II. Le résultat global de l'enquête de 1910. — III. Les différences de prix des 70 lycées par régions. — IV. Les nombres-indices de chacune des 20 denrées. — V. Comparaison des prix réels des denrées par groupes de marchandises. — VI. Observations sur les prix dans les 70 lycées pour les années 1908, 1909, 1910.*

— INHALTS-UEBERSICHT.— *1. Die Untersuchung vom Jahre 1908 und diejenige vom Jahre 1910. — II. Das Gesammt-*

*Ergebnis der Untersuchung vom Jahre 1910.   III. Die Preis-
verschiedenheiten in den 70 Gymnasien per Gegend. — IV. Die
Index-Zahlen eines jeden der 20 Lebensmittel. — V. Vergleich
der wirklichen Lebensmittelpreise per Waarengruppen. —
VI. Bemerkungen über die Preise in den 70 Gymnasien für die
Jahre 1908, 1909, 1910.*

— SUMMARY. — *I. The inquiry of the year 1908 and the
inquiry of the year 1910. — II. Total results of the inquiry of
the year 1910. — III. Differences of prices in the 70 high-
schools of each region. — IV. Index-numbers for each of the
20 commodities. — V. Comparison of the real prices of commodities by groups of wares. — VI. Observations on the prices
in the 70 high-schools for the years 1908, 1909, 1910.*

I.

Introduction sur l'enquête de 1908 et l'enquête de 1910.

IL y a un an nous avons donné, dans le numéro de mai de
la Revue, une étude sur les variations de prix des denrées
alimentaires dans les lycées des diverses régions de la
France. Le Ministère de l'Instruction publique nous a puis-
samment aidé dans l'enquête que nous entreprenions en
adressant notre questionnaire aux proviseurs de septante
lycées, choisis de manière à obtenir la connaissance de ces
prix pour chaque région à la fois dans de grands et dans de
petits lycées, les conditions d'approvisionnement pouvant
n'être pas les mêmes dans les deux catégories. Ces prix
avaient du moins dans les deux groupes un caractère commun, celui d'être le résultat annuel d'adjudications faites

dans des conditions à peu près semblables, ce qui donnait à la comparaison une garantie d'exactitude.

Notre questionnaire s'étendait sur la série des années de 1880 à 1908 et comprenait vingt articles alimentaires, pain, viande de boucherie, porc frais, charcuterie, volaille et gibier, vin rouge, vin blanc, (bière et cidre), beurre, huile comestible, œufs, lait, fromage sec, sucre, poisson frais, poisson salé, morue, graisse et saindoux, pommes de terre et, en outre, sur la houille.

Nous avions pensé et nous avons dit dans notre premier article que de ces renseignements précis, ayant une origine de même nature, il était possible de tirer une notion suffisamment exacte du rapport des prix par région et des variations que ces prix avaient subies dans le temps. Ce ne sont pas des prix de détail tels que les paient les consommateurs ordinaires. Ce sont des prix de demi-gros, fixés, comme nous venons de le dire, par adjudication, un peu avant le commencement de chaque année, et indiquant, par conséquent, non les prix courants de cette année, mais les prix de la fin de l'année précédente.

Toutefois, les prix de détail, qui varient sous l'influence de causes diverses, suivent d'ordinaire le mouvement des prix de gros (1) ; ils le suivent plus ou moins vite, de près ou de loin, et dans des proportions diverses selon le lieu de vente, la fortune des acheteurs et la qualité du produit.

Les nombres-indices (index numbers en anglais) que calculent les statisticiens sont le résultat, les uns d'évaluation des prix de marchandises en gros, tels, par exemple,

---

(1) Les statistiques publiées à Washington dans le *Bulletin of Labor* et récemment l'enquête de M. March, publiée dans le numéro d'avril du *Bulletin de la Société de statistique de Paris* sous le titre *Influence des variations de prix sur le mouvement des dépenses ménagères, à Paris* montrent cette corrélation. Nous reviendrons sur cette question.

que les prix établis chaque année pour la France par la Commission des valeurs de douane, les autres des prix réels de gros payés sur un même marché, tels que les index numbers de Soetbeer pour Hambourg, ceux de l'*Economist* et ceux de M. Sauerbeek pour Londres. Ceux que nous avons recueillis ont ce caractère particulier de former des séries semblables, prises en des lieux divers et déterminés et de faire apparaître ainsi, outre les variations des prix dans le temps, l'influence qu'exerce la différence des lieux sur le cours des denrées. Il y a des enseignements à tirer de cette différence.

Les lycées nous ont fourni les prix, c'est-à-dire les nombres absolus. Nous avons eu à en tirer les moyennes et les nombres-indices afin de composer des tableaux comparatifs. Cette fois, comme la fois précédente, M. Lucien March, chef de la Statistique générale de France, a bien voulu se charger de faire les calculs nécessaires.

Nous nous étions arrêté, dans notre premier travail, à l'année 1908. Nous avons cette fois recueilli les données des deux années 1909 et 1910. Comme cette fixation a lieu par adjudication avant le 1ᵉʳ janvier, avons-nous dit, les données expriment les prix du marché pour la fin de l'année qui précède leur date plutôt que ceux de l'année même de leur date.

Nous employons la même base de comparaison que dans notre précédente étude, c'est-à-dire la moyenne des prix des années 1895 et 1900 exprimée par le nombre 100. C'est à cette base que nous avons rapporté les nombres-indices de chaque année, c'est à cette même base que nous les rapportons cette fois encore, de manière à continuer une série homogène dont les termes soient faciles à comparer.

II.

Le résultat global de l'enquête de 1910.

Abordons les données de la nouvelle enquête. Commençons, comme nous l'avons fait dans notre premier article, par calculer le résultat global, c'est-à-dire l'indice moyen de toutes les données des 70 lycées. Nous avions constaté :

1° que ce nombre-indice avait été de 111.9 (1) en 1880, année qui était anormale puisque les prix avaient eu alors une hausse passagère pendant une période de baisse (2), mais qui n'était pas sans relation cependant avec les prix des années antérieures ;

2° Que ce nombre-indice avait baissé d'année en année jusqu'à 98.8 en 1902 et même à 98 en 1905 ;

3° Qu'ensuite il s'était produit une hausse rapide en 1906, 1907, 1908, et que le nombre-indice de cette dernière année s'était élevé à 106.5 : ce qui concordait avec la cinquième période de l'histoire des prix.

La hausse ne s'est pas maintenue dans les adjudications pour 1909 et pour 1910 (mais n'oublions pas que ces adjudications ont eu lieu à la fin de l'année précédente). En effet, les nombres-indices moyens pour les 70 lycées sont :

$$
\begin{array}{lll}
1908 & \ldots & 106.5 \\
1909 & \ldots & 103.6 \\
1910 & \ldots & 103.2 \ (3).
\end{array}
$$

(1) Nous rappelons que la base de comparaison des nombres-indices est la moyenne des prix des années 1898 et 1900 exprimée par 100.

(2) Cependant les prix de 1880 sont inférieurs à ceux de 1873, année du point culminant de la hausse.

(3) Ces nombres ne sont pas rigoureusement exacts, puisqu'ils n'ont, faute de réponses au questionnaire, pu être calculés en 1909 et en 1910 que pour 18 groupes au lieu de 20 en 1880-1908, et parce qu'il y a quelques denrées qui n'ont pas été cotées dans quelques réponses. Cependant les nombres-indices que nous donnons peuvent être acceptés comme suffisant pour la comparaison.

*Diagramme des nombres-indices généraux du prix moyen
annuel des denrées alimentaires dans 70 lycées.*

(Les prix sont ceux des adjudications qui ont lieu un peut avant le 1er janvier
de chaque année.)

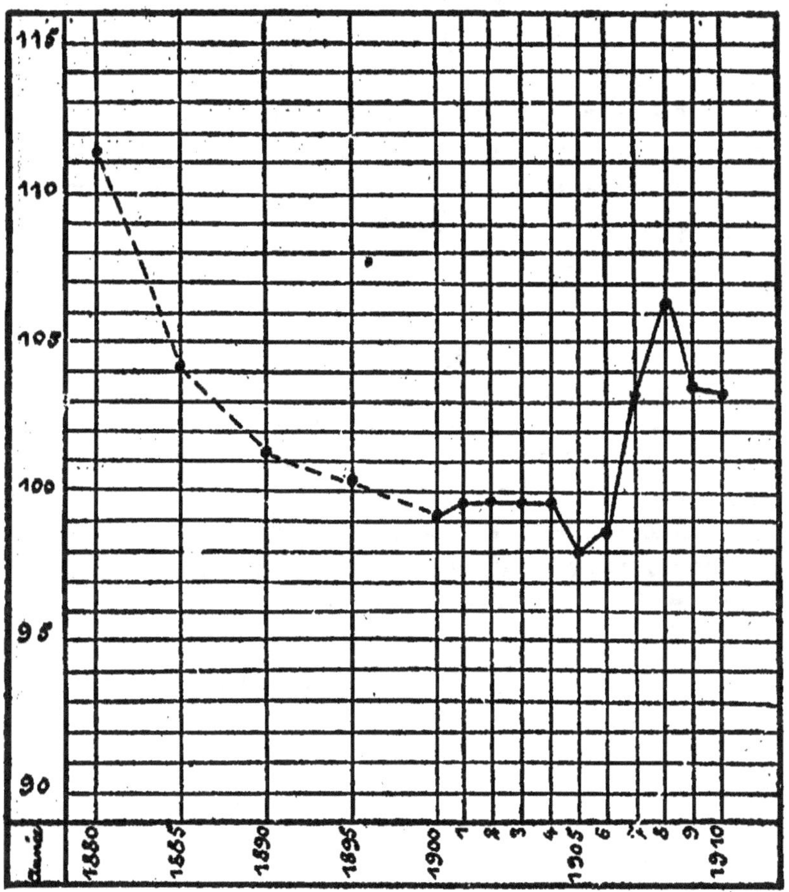

Ainsi donc la statistique des lycées accuse une baisse
de 3.2 points, de 1908 à 1910. Les prix de cette dernière
année se trouvent ainsi être encore supérieurs à ceux de

la période 1890-1907, mais ils sont inférieurs à ceux des années 1880-1885.

Cette baisse est incontestable; car elle n'est pas un accident local. Sur 19 groupements de lycées (1) il y en a 17 qui accusent une baisse et deux seulement (les petits lycées de l'ouest et les grands lycées de l'est) qui accusent une hausse (2). La baisse est très sensible à Paris, dont le nombre-indice tombe de 99 en 1908, à 97 en 1909 et à 93 en 1910. Elle l'est aussi pour les petits lycées du nord (3) et du nord-est (4), pour les grands lycées de l'ouest (5), pour les petits lycées du centre (6).

III

Los différences par régions.

Les changements qui sont survenus depuis trois ans dans les nombres-indices des vingt groupements n'ont pas profondément modifié le rapport d'accroissement de ces groupements. Paris reste celui où depuis 1895-1900 la diminution du nombre-indice est la plus forte; cette diminution a continué à se produire très nettement, puisque le nombre-indice de 1910 est 93. Sont aussi au-dessous de 100 les groupes des grands lycées du Nord et de ceux du Sud. Sont au même niveau qu'en 1895-1900 ceux des environs de Paris

(1) Il y a un vingtième groupement qui n'a pas fourni de réponse. Nous ne reproduisons pas la composition des groupes de grands et petits lycées; elle se trouve dans notre premier article.

(2) Petits lycées de l'ouest	1908	1909	1910
	107	108	110
Grands lycées de l'est.	106	110	109

(3) 109 en 1908, 103 en 1909 et en 1910.
(4) 109 en 1908, 103 en 1900, 102 en 1910.
(5) 108 en 1908, 101 en 19 et en 1910.
(6) 114 en 1908, 107 en 1909 et en 1910.

et presqu'au même niveau ceux des petits-lycées du Nord-Est, des grands lycées du Sud-Est, du Sud-Ouest et de l'Ouest.

Il y a accroissement de prix, au contraire, dans les petits lycées du Nord-Ouest et dans les petits lycées de l'Ouest.

Il n'est pas facile de discerner toutes les causes locales qui ont produit ces différences. On peut toutefois remarquer, comme nous l'avons déjà fait, que les régions de grande agglomération sont particulièrement favorables à la diminution des prix, parce qu'elles attirent les vendeurs et parce qu'elles sont, en général, bien pourvues de voies de communication. Ainsi, les prix de Paris sont inférieurs à ceux des lycées de Versailles et de Lakanal.

Néanmoins, cette fois, plusieurs groupes de petits lycées sont parmi les plus favorisés : petits lycées du Nord-Est, du Centre. Ce dernier groupe est même celui où la diminution a été la plus forte. Pourquoi ? L'attraction des denrées vers les grands centres de consommation n'est pourtant pas moindre aujourd'hui qu'il y a trois ans.

Nous avons fait remarquer déjà, et nous faisons remarquer de nouveau, que le taux d'accroissement des prix a été depuis une dizaine d'années — et avait été auparavant — plus fort dans les petits lycées que dans les grands. Aucun nombre-indice des groupes de petits lycées n'est inférieur à 100; c'est-à-dire que dans aucun le taux d'accroissement n'a diminué depuis 1895-1900, et qu'il y a des cotes qui s'élèvent à 107, à 110 et à 111. Au contraire, dans les grands lycées, sur onze nombres-indices, un seul atteint 107, les autres ne dépassent pas 104 et il y en a même trois qui sont au-dessous de 100, c'est-à-dire qui indiquent une diminution des prix.

Parmi ces derniers figure Paris, avec la cote 93 qui est la plus basse de toutes. Les grands marchés, répétons-le, attirent les vendeurs et la concurrence fait le bon marché, tandis que les produits des régions agricoles se portent vers ces marchés et que par suite les prix haussent dans les petites localités.

C'est ainsi que dans les environs de Paris la vie est en général, à l'exception du loyer, plus cher qu'à Paris, une partie des denrées, le poisson de mer particulièrement, venant de Paris; de même, les produits manufacturés, tissus, vêtements, articles d'ameublement et de ménage viennent de Paris. Je l'ai éprouvé cette année pendant les mois que j'ai passé à l'Isle-Adam (Seine-et-Oise), à 40 kilomètres de la capitale. Dans d'autres petites localités, sans que tous les prix atteignent le niveau de Paris, la hausse a été grande parce que les chemins de fer ont facilité l'écoulement des produits vers les grands marchés de consommation; ainsi, par exemple, à Croix-de-Vie, port de mer de la Vendée, les prix du poisson et de la plupart des denrées ont doublé depuis vingt ans.

Calcul de la moyenne générale par régions.

	1908.	1909.	1910.	Augment. + Diminution —
Paris.	99	97	93	— 6
Environs de Paris.	105	101	100	— 5
Région du Nord-Ouest :				
Grands lycées.	104	100	104	
Petits lycées	109	108	111	+ 2
Région du Nord :				
Grands lycées.	102	98	99	— 3
Petits lycées	109	103	103	— 6
Région du Nord-Est :				
Grands lycées.	107	103	107	
Petits lycées	109	103	102	— 7
Région de l'Est :				
Grands lycées.	106	110	109	+ 3
Petits lycées.	106	?	?	

Région du Sud-Est :				
Grands lycées	106	103	102	— 4
Petits lycées	107	109	106	— 1
Région du Sud :				
Grands lycées	98	94	96	— 2
Petits lycées	112	?	?	
Région du Sud-Ouest :				
Grands lycées	105	104	102	— 3
Petits lycées.	109	100	104	— 5
Région de l'Ouest :				
Grands lycées	108	101	101	— 7
Petits lycées	107	108	110	+ 3
Région du Centre :				
Grands lycées	104	101	104	
Petits lycées.	117	107	107	— 10
Moyennes (nombres arrondis) . . .	107	104	103	— 4

IV

Les nombres indices de chaque denrée

Examinons en second lieu, comme nous l'avons fait dans le premier article, les nombres-indices de chacune des denrées.

Le *pain* d'abord. De 1908, au commencement de 1910, le prix a baissé du nombre-indice 119 au nombre-indice 117 : cette baisse s'est produite dans douze groupes : Paris et environs, régions du Nord-Ouest, du Nord-Est, de l'Est, du Sud-Est et dans les grands lycées du Sud-Ouest et de l'Ouest. La baisse est forte dans les grands lycées de l'Ouest qui accusaient en 1908 la hausse proportionnellement la plus forte (nombre-indice 136.5) et qui sont en 1910 à la cote 123.5. Il y a, au contraire, augmentation dans les groupes du Nord et du Centre et dans les petits lycées du Sud, du Sud-Ouest et de l'Ouest. Pourquoi cette augmentation dans les petits lycées, tandis qu'il y a diminution dans les grands lycées des mêmes régions ?

La diminution du prix du *porc frais* est très forte et est presque générale. Il n'y a que les petits lycées du Nord-Est qui accusent une augmentation. A Paris la cote s'abaisse de 117.8 en 1908 à 115 en 1910, diminution légère. Mais, dans les environs de Paris, elle tombe de 174.4 à 107.7. Il y a là évidemment une cause accidentelle et toute locale. Il en est à peu près de même pour le groupe des grands lycées du nord-ouest : 166 et 100.7. La baisse est forte aussi dans le sud-est (109.7 et 96 en 1910 au lieu de 123.8 et 113.5), dans les grands lycées de l'ouest (106.4 au lieu de 130.2). Le nombre-indice moyen général était 113 en 1908; il est 104 en 1910.

La baisse est prononcée aussi sur la *charcuterie*; le nombre-indice général descend de 116.5 en 1908 à 112 en 1910. Il n'y a augmentation que dans trois groupes : petits lycées du nord-ouest, du nord-est et du sud-ouest. Dans les grands lycées du nord-ouest et du nord, où l'augmentation avait été très forte en 1908, le nombre-indice tombe de 164.1 et 189.6 à 100.5 et 110.1. A Paris où les prix s'étaient moins élevés la baisse est moins sensible : 116.4 en 1908 à 112.2 en 1910. Dans les petits lycées de l'ouest et du centre où les prix étaient élevés (135.5 et 140.1) la baisse est grande, moins cependant que dans le nord (132.5 et 121.4). Dans les grands lycées du nord-est la cherté s'est maintenue (136.8 et 138.7).

Dans trois groupes, grands lycées du nord, petits lycées de l'est et du sud-ouest la *volaille* et le *gibier* ont renchéri. Ils sont restés au même taux dans les petits lycées de l'ouest. Dans tous les autres groupes il y a eu diminution. Cette diminution a été pour Paris de 106.9 à 92.3. En somme la diminution est faible : 113.3 en 1908 et 110.8 en 1910.

Le *vin rouge* est en augmentation dans douze groupes,

dont Paris et ses environs. L'augmentation est à peu près générale dans le sud, le sud-est et le sud-ouest. L'indice moyen général était 63.3 en 1908; il est 62.8 en 1910. La baisse est donc très légère.

Le *vin blanc* a renchéri davantage; il a passé du nombre-indice 69.2 au nombre-indice 81. Il a continué depuis 1895 à renchérir plus que le vin rouge. Le renchérissement s'est produit dans onze groupes; très peu sensible à Paris, il l'a été beaucoup dans les grands lycées du nord-ouest (de 64.7 à 103.1). Dans le midi il a en général moins renchéri que le vin rouge.

Il est inutile d'insister sur la bière et le cidre dont l'usage est restreint à un très petit nombre de lycées.

Le *beurre*, au contraire, est un des articles importants de l'alimentation. Le prix a légèrement fléchi, le nombre-indice étant tombé de 110 en 1908 à 108.3 en 1910. Il y a eu en général augmentation dans le nord et diminution dans le sud, peu de variations d'ailleurs dans chaque groupe, à l'exception des grands lycées de l'ouest où le nombre-indice passe de 119.3 à 113.6. C'est une des deux cotes les plus élevées.

Le prix de la *graisse* a subi presque partout une forte diminution. Le nombre-indice a baissé de 6.2 points à Paris, de 37.2 points dans les grands lycées du sud-est et de 7.4 dans les petits, de 41.6 dans les petits lycées du sud. Il n'y a que les petits lycées du nord et les grands lycées du nord-est qui accusent une augmentation. L'indice moyen général est descendu de 120.3 à 98.4. Quelle peut être la cause de ces grandes différences?

La *viande de boucherie* a très peu diminué : indice moyen général 110.7 en 1908 et 109.8 en 1910. Cependant à Paris la diminution est très forte; de 131.2 le nombre-indice est tombé à 98.8, perdant 32.4 points ; il a diminué beaucoup aussi, quoiqu'un peu moins dans les environs de Paris, mais dans douze autres groupes il y a eu augmentation. Dans les petits lycées du sud-est cette augmentation est de 16.3 points.

L'*huile* a en somme un peu augmenté, le nombre-indice s'étant élevé de 105.1 à 110.8, mais il y a d'assez fortes variations dans plusieurs groupes; augmentation de 11.9 points dans les grands lycées du nord-ouest de 20.5 points dans les grands lycées du nord-est, de 24.9 dans les petits lycées du sud, de 1.3 dans les grands lycées du sud-est. D'autre part, à Paris et dans les environs il y a diminution; cette diminution atteint même 19.8 points dans les environs de Paris. Il serait intéressant de pouvoir se rendre exactement compte de telles différences qui, de prime abord, semblent anormales.

Les *œufs* sont un des deux articles qui avaient le plus augmenté relativement au prix de 1895-1900. Leur prix a continué d'augmenter; leur nombre-indice s'est élevé de 117.6 à 122.7. L'augmentation s'est produite dans dix-sept groupes. A Paris cependant on constate une diminution (nombre-indice 107.7 au lieu de 116.3). Dans les grands lycées du nord-ouest l'augmentation est de 8.7 points; dans les grands lycées du nord-est elle s'élève à 28.6, et à 29 dans les petits lycées du sud.

Le prix du *lard* est resté stationnaire : nombre-indice 105.7 en 1908, 105.3 en 1910. Cependant il y a eu en général augmentation dans les groupes du nord et diminution dans ceux du midi. Cette diminution est moins forte dans quelques groupes : 20.6 points dans les grands lycées de l'ouest, 19.5 dans les petits lycées du sud-est. Ces fortes diminutions compensent les augmentations qui se sont produites dans dix autres groupes.

Le prix du *fromage* a augmenté : nombre-indice 116.2 en 1908 et 120.3 en 1910. Il y a augmentation dans neuf groupes et diminution dans onze. L'augmentation est considérable dans les grands lycées de l'est (86.7 en 1908, 113.9 en 1910), mais le prix de 1908 semble avoir été accidentel dans ces lycées.

Le prix du *sucre* avait beaucoup baissé sous l'influence du procédé de la diffusion et de la réduction de l'impôt de 64 à 27 francs les 100 kil. Il y a eu de 1908 à 1910 un léger relèvement du prix qui a porté sur presque tous les groupes.

Dans aucun groupe le prix du *poisson frais* n'avait autant diminué depuis une dizaine années qu'à Paris, le grand centre d'approvisionnement; il y a une très légère augmentation de 1908 à 1910. Une augmentation s'est produite dans sept autres groupes; il y a eu diminution dans 11 groupes. En somme peu de changement: le nombre-indice a passé de 89 à 91.6.

Le *poisson conservé* et la *morue* qui avaient été distingués dans la première statistique, se trouvent confondus dans la seconde. Nous avons été surpris et nous le sommes encore de constater que les nombres-indices de cette catégorie d'aliments avaient augmenté depuis une dizaine d'années plus que presque tous les autres. L'augmentation a encore continué à se produire; le nombre-indice de 1908 était 119.3 pour les poissons salés et de 107.5 pour la morue; le nombre-indice des deux espèces réunies est 127.1 en 1910. Pour les petits lycées du nord-ouest il s'est élevé de 108.6 et 127.2 à 230.8; pour les petits lycées de l'est de 130.8 (poissons conservés) à 235.2, tandis qu'à Paris le nombre-indice de 1910 n'est que 61.2. en baisse très forte sur 1908 (81.6 pour la morue). Comment s'expliquer des différences aussi fortes dans un temps où les transports sont à bon marché?

Le prix des *pommes de terre* a baissé presque partout. A Paris le nombre-indice a passé de 108.1 en 1908, à 98.8 en

1910 ; dans les environs de Paris il a passé de 125.8 à 110. Paris est pour cet article, comme pour presque tous les autres, le marché sur lequel il y a eu depuis une dizaine d'années les abaissements de prix les plus accentués. Dans les petits lycées du nord la diminution du prix des pommes de terre a été aussi très sensible : indice 130.3 en 1908 et 116.1 en 1910 ; dans les petits lycées du sud-ouest aussi : indice 131.4 en 1908, 127.9 en 1910 (1).

Le prix du *charbon de terre* a baissé; le nombre-indice était 129.5 en 1908, il est 117.4 en 1910. La baisse s'est produite partout, excepté dans les petits lycées du sud-est et dans les grands lycées du sud. A Paris elle est de 8 points; dans les petits lycées du nord-ouest elle est de 13 points, de 11.6 points dans les grands lycées du nord. Dans les grands lycées de l'ouest le nombre-indice tombe de 156 à 126.2; dans les grands lycées de l'est, qui accusaient la cote surprenante de 180.4, le nombre-indice n'est plus que 113.4.

V.

Prix réels des denrées.

Il nous reste à comparer les prix réels des marchandises en 1910 par groupes.

Le prix du *pain* a varié suivant les régions de 0 fr. 21 le kilog. (grands lycées nord-ouest et du nord-est), prix exceptionnel, à 0 fr. 341 (environs de Paris). Le prix de Paris a été de 0 fr. 331. La moyenne générale est un peu inférieure à 0 fr. 32. Le rapport entre les régions est d'ailleurs resté à peu près le même qu'en 1908.

Le prix du *porc frais* a varié entre 1 fr. 35 le kilog (petits

(1) Nous verrons plus loin que le prix des pommes de terre a beaucoup augmenté dans la seconde moitié de 1910.

BIBLIOTHÈQUE NATIONALE — R F — IMPRIMÉS.

Nombres indices des prix de 20 denrées alimentaires (et du charbon de terre) dans les 20 groupes de lycées en 1910.

(La base du calcul est la moyenne des prix de 1895 et de 1900 représentée par 100 + nombres-indices plus forts en 1910 qu'en 1908 — nombres indices plus faibles en 1910 qu'en 1908.)

LYCÉES.	Pain.	Porc frais.	Charcuterie.	Volaille et gibier.	Vin rouge.	Vin blanc.	Beurre.	Graisse.	Viande de boucherie.
Paris	—114.3	—115	—112.2	— 92 3	+ 50.3	+ 74.6	+106 4	— 115 7	— 98.8
Environs . .	—120.9	—102.7	—134 4	— 88 9	+ 63.1	+106 0	—111.9	»	— 93.3
N.O.Grands lycées.	—114.9	—100.7	—100.5	—109	— 61.7	+103 1	—110 2	+123.7	—105.1
— Petits lycées	— 86.2	—112 6	+124.7	—118.9	+ 62	»	—108 6	»	+117
N. Grands lycées.	+113 7	—110.7	—110.1	—109 4	— 51 5	— 64.7	+105 4	»	+108.3
— Petits lycées .	+121.2	—103.6	— 96.8	+124.7	— 69.7	+105.1	—106.8	+ 99.7	—109.1
N.E.Grands lycées.	—113.3	+109.0	+138.7	—102 8	+ 63.8	+ 79.7	—108.1	+140.8	+111.5
— Petits lycées .	—116.6	—101.2	— 91.9	—105	— 69.3	+ 81.2	—107.6	»	+113
E. Grands lycées .	—117.5	—111.2	—102 3	—110 3	— 63	+ 80.6	—106.4	»	—108.7
— Petits lycées .	—115.1	—104 5	—110	+122.6	+ 75.7	+ 84.5	+111.7	»	+119.4
S.E Grands lycées.	—116.5	—109 2	—113.2	— 97 4	+ 65.8	— 84.5	—112.4	— 91.3	+109 9
— Petits lycées .	—117.1	— 96	—127 2	— 92.4	— 79 4	+112.1	+ 97.3	—110.3	+127.2
S. Grands lycées .	—106.7	— 83 2	— 85.8	—105.5	+ 78.9	»	—100	»	+104.9
— Petits lycées .	+119 8	—102.6	— 98 2	—131.3	+ 70.4	— 72.6	+107 5	— 111 8	—109
S.O.Grands lycées.	—116.0	— 99.6	—106.5	—114.7	+ 76 8	—107 1	—112.5	—100.3	+119 3
— Petits lycées .	+121 5	—107	—104.8	+114 3	+ 80.3	—106	—102.3	—102	+115 1
O. Grands lycées.	—123 5	—106 4	—105 8	—126.8	+ 84.5	— 62	—113 6	— 94.6	+109 9
— Petits lycées .	+128 8	— 93.1	—132 8	—131.3	— 55.8	+ 85.9	—111	— 86.7	—100.9
C. Grands lycées.	+126 2	—107.4	—122.6	—112	— 64.2	+ 69.1	+113.8	»	+112.7
— Petits lycées .	+135	101 8	—121.4	—105	+ 69.8	— 90.6	—113.1	— 94.3	—102.6
	—117	—104	—112	110.8	62.8	81	108.3	98.4	109.8

LYCÉES.	Huile.	Œufs.	Lait.	Fromage.	Sucre.	Poisson frais.	Poisson salé et morue.	Pommes de terre.	Houille.
Paris	— 80.2	— 107.7	+ 97.7	+ 112.2	— 59 2	+ 71 8	61 2	— 98 2	— 105.5
Environs . .	— 92.8	+ 109.2	— 100	+ 111.5	+ 63	— 90 5	»	— 110	— 104 4
N.O.Grands lycées.	+ 120.2	+ 125.8	+ 116 6	— 115.2	+ 64	+ 99	114.8	— 91 1	— 116.6
— Petits lycées	+ 91.6	— 127.8	+ 102.4	— 105.4	+ 62 4	— 100 9	230 8	»	— 104.6
N. Grands lycées.	— 99.7	+ 111.7	+ 114.6	+ 113 2	+ 68 4	— 86 6	»	+ 104.3	— 124.1
— Petits lycées .	— 110.6	+ 108	+ 111.4	— 126.2	+ 65 8	+ 93.4	118 6	— 116.1	— 120
N.E.Grands lycées.	+ 135.3	+ 118.9	+ 108.8	+ 116.5	— 61 8	+ 80.3	»	+ 109.4	— 115
— Petits lycées .	— 107.2	— 135.8	— 99	+ 130	+ 62 3	— 80	»	»	— 124.9
E. Grands lycées .	+ 110.7	+ 122.8	+ 101	+ 113 9	+ 61 6	— 85 5	235.2	»	— 113 4
— Petits lycées .	+ 113 5	+ 130 6	— 101	— 114.8	— 61.5	— 78 6	»	— 109 7	— 113.9
S.E Grands lycées.	+ 120.9	— 122.2	+ 110	— 113	+ 64.6	— 85 3	112.9	»	— 109 9
— Petits lycées .	+ 121.6	+ 125 4	— 104.2	+ 126.2	+ 62.8	— 78 8	105.6	»	+ 124.7
S. Grands lycées .	— 74	+ 119 7	+ 126.1	— 102 6	+ 59 4	— 75	»	— 100.6	+ 110 6
— Petits lycées .	— 136.5	+ 163	— 110 4	+ 116 6	+ 64 3	+ 82 9	128.5	— 107	— 147.8
S.O.Grands lycées.	— 112 3	+ 126.4	— 97 8	— 115.8	+ 63	+ 75 6	89 7	»	»
— Petits lycées .	— 74.4	+ 124.7	+ 101	+ 115	+ 64	— 70 6	139.1	— 117.9	»
O. Grands lycées.	+ 118.9	+ 121 4	— 102.9	— 129.8	+ 63.6	— 84	79.6	— 76 7	— 126 2
— Petits lycées .	+ 169 2	— 114.6	— 100	+ 168 8	— 65.7	+ 93 2	»	»	— 114.7
C. Grands lycées.	+ 103	+ 122 2	— 87.7	— 111.1	+ 64 7	+ 117.6	109.1	— 112 8	»
— Petits lycées .	— 123.7	+ 115 9	— 114.7	— 148.5	+ 68.1	— 103.5	»	»	»
	110.8	122.7	105.3	120.3	63.1	91 6	127.1	104.5	117.4

lycées de l'ouest) et 2 fr. 07 (Paris). Ce prix est pour presque toutes les régions un peu moindre dans les petits lycées que dans les grands.

Le prix du kilogramme de *charcuterie* a varié de 2 fr. 85 (environs de Paris) à 1 fr. 915 (grands lycées de l'ouest). C'est en général dans l'est, le sud, le sud-ouest et l'ouest que l'on trouve les prix les plus bas de la charcuterie, comme du porc frais. C'est une conséquence de l'importance de l'élevage des porcs.

La *volaille* et le *gibier* ont varié de 1 fr. 675 (petits lycées du sud-est) à 2 fr. 48 (Paris). C'est en effet à Paris et dans ses environs que sont les plus hauts prix, quoique ce soient les marchés où afflue le plus la marchandise. Les prix sont un peu plus hauts dans les environs de Paris, parce que l'approvisionnement y vient en partie de Paris même. La volaille et le gibier sont partout à meilleur marché dans les petits lycées que dans les grands. Les régions où le prix a été le plus bas en 1910 sont le sud-est, l'ouest et le centre, régions agricoles.

Le *vin rouge* a été payé de 0 fr. 21 le litre (grands lycées du sud-est) à 0 fr. 30 (petits lycées du nord-ouest), et 0 fr. 29 et 0 fr. 27 dans le nord, ce qu'explique la répartition de la culture de la vigne. A Paris et dans les environs les lycées l'ont payé 0 fr. 279 et 0 fr. 219 : c'est un des prix les plus bas.

Le *vin blanc* est plus cher. Le prix inférieur a été de 0 fr. 38 le litre (grands lycées du centre); le plus élevé 1 fr. 10 (grands lycées du sud). Le prix à Paris a été 0 fr. 56 et dans les environs de Paris 0 fr. 675.

Le *beurre* a varié de 3 fr. 35 le kilogramme (grands lycées du sud-ouest) à 2 fr. 45 (petits lycées du nord-ouest), c'est-à-dire d'une région qui élève peu de bétail et fournit peu de lait à une région qui en fournit beaucoup. Paris, avec 2 fr. 91, donne une cote intermédiaire.

La *graisse* et le *saindoux* ont leur prix entre 1 fr. 30 (petits lycées de l'ouest) et 1 fr. 975 (petits lycées du centre).

Le kilogramme de *viande de boucherie* a varié entre 1 fr. 943 (grands lycées du sud-ouest) et 1 fr. 61, prix des petits lycées de l'est. Il est un peu moins cher dans la plupart des petits lycées que dans les grands lycées de la même région.

L'*huile* a ses prix entre 0 fr. 847 (grands lycées du sud) (1) et 2 fr. 30 (petits lycées de l'ouest). Paris a payé 1 fr. 60.

Le millier *d'œufs* a valu entre 82 fr. 50 (petits lycées de l'ouest) et 105 fr. (petits lycées du nord-est). A Paris, le prix a été de 88 fr. 33, soit environ 9 centimes l'œuf : c'est, après les petits lycées de l'ouest, la région où le prix a été le plus bas. La moyenne générale pour la France dépasse 0 fr. 09 l'œuf.

Le *lait* a été payé entre 0 fr. 168 le litre (petits lycées du nord-ouest) et 0 fr. 296 (grands lycées du sud-est). Paris l'a payé 0 fr. 236 et les environs de Paris 0 fr. 26. En général, il est à 0 fr. 21 et au-dessous dans les régions du nord-ouest, du nord, du nord-est, de l'est et de l'ouest, régions où le gros bétail est nombreux. Il est entre 0 fr. 24 et 0 fr. 30 dans le sud-est et le sud.

Le *fromage* a varié entre 2 fr. 28, prix de Paris et des grands lycées du nord-est, et 1 fr. 73, prix des petits lycées de l'est. Il a été moins cher dans les environs de Paris qu'à Paris.

La moyenne générale ressort à un peu plus de 2 francs.

Le *sucre* a un prix à peu près uniforme partout : 0 fr. 636 et 0 fr. 76 le kilogramme. C'est Paris qui obtient le prix le plus bas, et ce sont les petits lycées du centre qui paient le plus cher. Les frais de transport sont sans doute la principale cause de la différence.

(1) Il est étonnant que les petits lycées de la même région indiquent un des prix les plus forts : 1 fr. 93.

Prix réel moyen de chaque marchandise de chaque groupe en 1910.

Régions	Pain	Porc frais	Charcuterie	Volaille et gibier	Vin rouge	Vin blanc	Bière	Cidre	Beurre
Paris	0.332	2 07	2.41	2.48	0.229	0 56	»	»	2,91
Environs de Paris	0.341	1.90	2.85	2.38	0.219	0.675	»	»	3,06
N.-O. G. L.	0.29	1.788	1.917	2 106	0 27	0.566	»	0 128	2.596
N.-O. P. L.	0.21	1.67	2.28	1 75	0.30	0 40	»	0.116	2.45
N. G. L.	0 307	2 04	2.187	2.182	0,2937	0 566	0 105	0 93	2.80
N. P. L.	0 30	1.94	2.03	2.06	0.285	0 43	0.45	»	2.81
N.-E. G. L.	0.293	2.03	2.46	2.07	0 27	0.48	»	»	2.79
N.-E. P. L.	0.285	1.86	1.84	1 80	0,272	0.39	»	»	2.60
E. G. L.	0.195	1 74	2.09	2 13	0.23	0.56	»	»	2.52
E. P. L.	0 194	1.54	1.95	2.25	0 27	0 487	»	»	2.625
S.-E. G. L.	0.36	1.85	2.24	1.95	0.21	0.49	»	»	3.04
S.-E. P. L.	0.325	1.67	2.21	1 675	0.212	0.65	»	»	2 60
S. G. L.	0 320	1.60	1 65	2.20	0.213	1.10	»	»	2.60
S. P. L.	0 297	1.62	1.825	2.33	0 12	0.54	»	»	3.225
S.-O. G. L.	0.323	1.756	2.126	2.263	0.28	0.66	»	»	3.36
S.-O. P. L.	0.31	1.64	1.92	2.01	0 261	0.44	»	»	3.05
O. G. L.	0.289	1.59	1.915	2.11	0.27	0 43	»	»	2,83
O. P. L.	0.32	1.35	2 00	1.88	0.24	0 55	»	»	3.20
C. G. L.	0 32	1.635	2.225	1.77	0 237	0.38	»	»	2.75
C. P. L.	0.32	1.86	2.25	1.75	0 267	0.41	»	»	2.58

Régions	Graisse et saindoux	Viande de boucherie	Huile comestible	Œufs	Lait	Fromage	Sucre	Poisson	Morue et poissons conservés	Pommes de terre	Houille
Paris	1.49	1.84	1.53	88.33	0 236	2.28	0.626	0.776	1.20	0.0908	42 75
Environs de Paris	1.60	1 90	1 10	94 50	0.26	2 15	0 665	0 86	»	0.0875	43.73
N.-O. G. L.	1.54	1 69	1 67	104 70	0.193	2.24	0,688	0.917	1.05	0 082	36.50
N.-O. P. L.	1.37	1.621	1.483	100.33	0.168	2 11	0.667	0.883	1.50	»	40. »
N. G. L.	1.88	1.94	1 45	93.66	0.212	2 14	0,705	0 825	1.82	0.098	28 80
N. P. L.	1.475	1.93	1.15	95. »	0.21	2 20	0.67	0 90	1.82	0.09	36 45
N.-E. G. L.	1.83	1.91	1.71	101 33	0 21	2.28	0.65	0 93	2.25	0 0783	34; »
N.-E. P. L.	1.61	1.90	1 233	105. »	0 19	2.03	0.66	0.975	1.90	0.083	37.90
E. G. L.	1.35	1.63	1.34	93 40	0.206	1.777	0 67	1 102	1.435	0 077	38. »
E. P. L.	1.223	1.61	1 525	103.75	0.198	1.73	0 652	1.133	2.24	0.075	46. »
S.-E. G. L.	1.62	1.738	1 36	91.10	0.296	2 16	0.70	1.30	0 827	0.0956	41. »
S.-E. P. L.	1.60	1.95	1.475	90. »	0.25	2.07	0 695	1 025	0.95	0 088	38.65
S. G. L.	»	1.94	0.847	92.20	0.29	1.80	0 68	1.70	1 66	0.085	34.70
S. P. L.	1.41	1.62	1.97	120. »	0.256	2.194	0,694	1 23	0.88	0 84	45.30
S.-O. G. L.	1.48	1.943	1.606	96.22	0 21	2.166	0.68	1 226	0.733	0.08	»
S.-O. P. L.	1.48	1.725	1 17	99.16	0.24	2 20	0 67	0.985	0 95	0.0825	»
O. G. L.	1.49	1.658	1.46	95 40	0.21	2 15	0.67	0.87	0 80	0.065	44.50
O. P. L.	1.30	1.784	2 20	82 50	0.21	2 60	0.70	1 »	1.70	0.08	46.95
C. G. L.	1.425	1.735	1 70	95. »	0 20	2.10	0.695	1 12	1.20	0 077	»
C. P. L.	1.975	1.78	1.32	93 72	0 218	2.12	0.71	1.13	»	0.0825	»

Le kilogramme de *poisson frais* a été acheté o fr. 776 à Paris et 1 fr. 36 dans les grands lycées du sud-est : ce sont les prix extrêmes. Il a été un peu plus cher (o fr. 86) dans les environs de Paris qu'à Paris. Il a été moins cher en général dans le nord que dans le sud.

Le prix du kilogramme de *morue* et de *poisson conservé* s'est tenu entre o fr. 88 (petits lycées du sud) et 2 fr. 24 (petits lycées de l'est). Le prix de Paris a été 1 fr. 20.

Les *pommes de terre* ont varié de o fr. 065, les grands lycées de l'ouest à o fr. 098 (grands lycées du nord). Le prix de o fr. 08 à o fr. 09 est celui que donne la majorité des groupes. Paris a donné o fr. 09.

La *houille* a varié entre 28 fr. 80 la tonne (grands lycées du nord) et 46 fr. 95 (petits lycées de l'ouest). Paris l'a payée 42 fr. 75; les environs de Paris, 43 fr. 73. C'est en général le prix du transport qui fait la différence d'une région à une autre.

VI.

Observations sur les prix dans les lycées pour les années 1908, 1909, 1910.

La légère diminution de prix que constatent dans presque tous les lycées les adjudications de denrées pour les années 1909 et 1910 semble avoir été une conséquence d'un resserrement du marché causé par la crise de 1907. Quoique cette crise, qui a fortement affecté les États-Unis, ait été peu sensible en France, il est cependant vraisemblable que le contre-coup s'en soit fait sentir sur le prix des denrées ; car il s'est fait sentir sur le total du commerce extérieur qui a été inférieur en 1908 à celui de 1907, mais qui s'est relevé en 1909.

Il y a une remarque importante que nous avons faite au

sujet des nombres-indices fournis par les lycées. Ils sont le résultat d'adjudications de fournitures qui ont lieu avant le commencement de l'année dont elles déterminent les prix. Elles expriment donc les prix de la fin de l'année précédente, légèrement modifiés peut-être par les prévisions des adjudicataires pour l'année suivante. Mais elles ne tiennent pas compte des variations, en hausse ou en baisse, qui pourraient se produire dans le cours de cette année.

1° La baisse de 3.3 points qui s'est produite dans le nombre-indice moyen de 70 lycées durant les deux dernières années est vraisemblablement accidentelle et temporaire et le mouvement en hausse, qui s'était produit depuis 1905 et qui de nouveau a été déjà très sensible dans la seconde moité de l'année 1910, se manifestera encore par les adjudications de 1911.

2° Les mouvements de baisse et de hausse des denrées se font sentir à des degrés divers sur toute la surface du territoire, moins fortement dans les grands centres d'approvisionnements et de consommation, plus dans les lieux de production d'où les moyens de transport font exporter les produits; néanmoins les prix sont restés en général plus élevés dans les grandes que dans les petites villes, ce qui précisément est la cause déterminante de l'exportation.

Or, pendant la présente année 1910 il s'est produit des changements très sensibles sur le marché et surtout sur le marché des denrées alimentaires; nous en parlerons dans un second article.

Auparavant fixons l'attention des lecteurs sur quelques conclusions que suggère la comparaison des prix dans les lycées et qui complètent celles que nous avons présentées dans notre premier article.

3° Quoique le taux d'accroissement pour cent ait été en

général moindre dans les grands lycées que dans les petits et qu'à Paris particulièrement il y ait diminution depuis 1895-1900, néanmoins, les prix restent en général encore supérieurs dans les grandes villes à ceux des petites localités. Paris et surtout ses environs sont pour beaucoup d'articles la région des prix les plus forts, bien qu'il y ait certains articles, comme le sucre et la marée, pour lesquels la facilité de l'approvisionnement produise le bon marché.

Les chemins de fer, en permettant aux régions productrices de denrées de transporter leur bétail et autres produits dans les lieux de grande consommation où ils trouvent des prix plus rémunérateurs que dans la campagne, tendent sans cesse au nivellement des prix entre les lieux de production et les lieux de consommation. On a pu dire qu'il se produit ainsi un phénomène analogue à celui de l'eau dans des vases communiquants; les chemins de fer ont créé la communication. La comparaison n'est cependant pas tout à fait exacte. Il y a rapprochement des niveaux, il n'y a pas un même niveau. C'est justement parce que les prix sont plus élevés dans les centres populeux et riches que les denrées y affluent; la supériorité des prix agit à la manière d'une pompe aspirante.

4° Il y a, d'une année à l'autre, des variations dans les prix de chaque groupe et dans le rang qu'occupe chaque groupe sur l'échelle des prix; mais ces variations n'empêchent pas qu'il y ait des différences permanentes fondées sur la production agricole des régions et sur les facilités de transport.

5° Ces prix, répétons-le, sont des prix de gros ou tout au moins de demi-gros. Ce ne sont pas les prix que paient au détail les ménages.

Aussi n'est-ce pas tout à fait sans raison que les ménagères récusent le témoignage de la statistique et n'admettent pas qu'on leur dise qu'il y a ou qu'il y a eu une baisse du prix des denrées. En effet, quand cette baisse n'est pas prolongée et suffisamment accentuée, elles n'en ont pas le plus souvent le bénéfice. La différence reste entre les mains de l'intermédiaire, c'est-à-dire du marchand au détail. Les prix que celui-ci fait payer à sa clientèle varient en général moins que les prix de ses achats. Quand les prix de gros augmentent, il est d'ordinaire quelque temps avant d'augmenter les siens. A plus forte raison, si les prix de gros baissent, il cherche à maintenir le plus longtemps possible les siens.

D'ailleurs, entre les prix de gros et les prix de détail interviennent des frais supplémentaires qui varient d'une boutique à l'autre pour des causes diverses et qui amortissent en partie l'effet des variations du gros. Ces frais, dans une ville comme Paris, sont loin de diminuer, de nos jours; les augmentations de salaires, les grèves, diverses lois dites sociales ont pour effet de les augmenter. Aussi les Parisiens n'ont-ils certainement pas senti l'effet de la légère diminution qui s'est produite de 1908 à 1909. Ils avaient senti davantage l'augmentation que nous avions constatée de 1905 à 1908 et ils sentent en ce moment l'effet des mauvaises récoltes de 1910.

Voici, entre autres, un exemple qui montre que les prix de détail suivent les grandes variations des prix de gros. Nous avons, sur les catalogues de l'épicerie Potin, additionné les prix de 88 marchandises de consommation très usuelle (vin non compris) à quatre époques; cette addition nous a donné 111 fr. 79 en 1881 (époque de cherté), 82 fr. 54 en 1906 (époque où les nombres-indices ont été à peu près au plus bas), 106 fr. 05 en 1908 (époque où les prix avaient sensiblement augmenté); enfin 118 fr. 68 en octobre 1910, date à laquelle se produisait le renchérissement dont nous parlerons. Il y a donc à peu près coïncidence entre ces prix de détail et les nombres-indices qui caractérisent les périodes de l'histoire des prix (1).

D'ailleurs, quand il y a renchérissement, les consommateurs ne tardent pas à se plaindre, quelquefois très haut. Ils sont moins empressés à célébrer une baisse des prix.

Quant aux statisticiens, ils savent qu'il est très difficile de rassembler de longues séries de chiffres de même espèce, précisément comparables dans le temps et dans l'espace. Sur les prix de détail des denrées, nous n'en possédons presque pas qui le soient avec certitude, à l'exception peut-être du pain ordinaire et du sucre. Mais les statisticiens savent qu'en définitive le gros commande le détail; que, si les mouvements accidentels et passagers du marché de gros ne se répercutent pas jusque dans la boutique du détaillant, les grands changements durables s'y font plus ou moins promptement sentir, comme il est avéré, par exemple, pour le sucre; que, par conséquent, la connaissance de la suite des prix de gros, de leurs différences régionales et de leurs variations dans le temps est instructive, non seulement par elle-même et pour éclairer certains problèmes économiques, mais aussi pour apprécier, sinon pour mesurer exactement, le coût de la vie dans les familles.

L'enquête que nous avons entreprise et poursuivie dans les lycées avec l'aide du ministère de l'Instruction publique fournit un document précis portant sur toutes les régions de la France qui peut servir à atteindre ce double but et qui deviendra plus instructive si elle est continuée après nous, de manière à former plus tard une série prolongée pendant une longue suite d'années. É. Levasseur.

---

(1) Les prix des établissements Delhaize et Cⁱᵉ en 1875 et en 1910 que nous donnerons plus loin confirment cette coïncidence. Les séries de prix données à plusieurs reprises dans le Bulletin du *Department of labor* de Washington les confirment aussi.

Voir relativement au rapport des prix de gros et les prix de détail le post-scriptum du second article.

LES PÉRIODES DE L'HISTOIRE DES PRIX EN FRANCE AU XIX⁰ ET AU XX⁰ SIÈCLES.

— SOMMAIRE. — *I. Aperçu général des causes de variations des prix. — Les périodes : 1ʳᵉ période jusqu'en 1848, état à peu près stationnaire; 2ᵉ période, 1848-1857, abondance des métaux précieux et hausse des prix; 3ᵉ période, 1858-1873, variations de prix en hausse; 4ᵉ période, 1874-1896, variations et forte tendance à la baisse; 5ᵉ période, abondance de métaux précieux et tendance à la hausse. — Les diverses courbes des nombres-indices. — II. La crise de 1907 et le renchérissement de 1910. — III. Quelques conclusions finales, valeur intrinsèque, valeur commerciale, valeur sociale de l'argent.*

— INHALTS-UEBERSICHT. — *Allgemeiner Ueberblick der Ursachen der Preisschwankungen. — Die Perioden : 1ˢᵗᵉ Periode, bis zum Jahre 1848, fast stabiler Zustand; 2ᵉ Periode, 1848-1857, Ueberfluss an Edelmetallen und Steigen der Preise; 3ᵉ Periode, 1858-1873, steigende Preisschwankungen; 4ᵉ Periode, 1874-1896, Schwankungen und starke Tendenzen zum Fallen; 5ᵉ Periode Ueberfluss an Edelmetallen und Tendenz zum Steigen. — Die verschiedenen Kurven der Index-Zahlen. — II. Die Krise vom Jahre 1907, und die Teuerung vom Jahre 1910. — III. Einige Schlussbetrachtungen, innerer Wert, Handelswert, sozialer Wert des Geldes.*

— SUMMARY. — *I. General view of the causes of fluctuations of prices. — The periods : 1ʰ period, till 1848, almost stationary state; 2ᵈ period, 1848-1857, abundance of precious metals and rise in the prices; 3ᵈ period, 1858-1873, upwards fluctuations of prices; 4ᵗʰ period, 1874-1896, fluctuations and strong tendency to the fall; 5ᵗʰ period, abundance of precious metals and tendency to the rise. — The various curves of the index-numbers. — II. The crisis of the year 1907 and the rise in price in the year 1910. — III. A few final conclusions, intrinsic value, commercial value, social value of money.*

I.

Aperçu général des causes de variations des prix.

Malgré les travaux, nombreux aujourd'hui, des statisticiens sur l'histoire des prix, cette matière est trop peu connue et il est bon, chaque fois qu'on présente un travail d'ensemble sur ce sujet, d'en rappeler sommairement aux lecteurs les principales vicissitudes. C'est ce que nous ferons dans le présent article pour faire entrer dans un cadre général l'enquête que nous avons faite des prix de denrées alimentaires dans les lycées et rendre plus intelligible la notion des résultats que nous avons constatés.

Les périodes que nous retraçons s'appliquent particulièrement à la France; mais, comme les séries de nombres-indices le montrent, elles peuvent s'appliquer aussi, en grande partie, à bien d'autres pays.

Nous ne remonterons pas jusqu'au temps de l'ancienne monarchie, temps d'ailleurs pour lequel nous ne possédons pas de séries continues de prix de marchandises, sinon pour les céréales sur quelques marchés, non plus que de séries du taux des salaires. Pour ces temps là le statisticien est réduit à glaner, ça et là, des chiffres d'origine diverse qui ne sont pas toujours scientifiquement comparables. L'auteur qui a réuni pour la France le plus grand nombre de données sur cette matière antérieurement au XIXe siècle et qui en a tiré d'intéressantes conclusions est, sans contredit, le vicomte d'Avenel dans son *Histoire économique de la propriété, des salaires, des denrées et de tous les prix en général depuis l'an* 1200 *jusqu'en l'an* 1800.

Rappelons seulement que, parmi les périodes de l'histoire des prix avant 1789, la plus intéressante pour l'économie politique est celle du XVIe siècle, pendant laquelle l'abondance des métaux précieux extraits des mines de l'Amérique a eu pour conséquence une grande diminution de la puissance d'échange de ces métaux, une augmentation considérable des prix et une perturbation dans les fortunes, en même temps que se produisait, avec un redoublement d'activité industrielle et commerciale, un accroissement de la richesse des nations de l'Europe occidentale et centrale (1).

Il y a des causes diverses, générales ou spéciales, qui agissent chaque année sur la détermination du prix de chaque marchandise. Une récolte abondante fait baisser le prix; une mauvaise récolte le fait monter; celui du blé montait même parfois très haut au temps où les marchés ne pouvaient pas s'approvisionner d'une région à l'autre

---

(1) Nous avons traité la question dans plusieurs chapitres de l'*Histoire des classes ouvrières et de l'industrie en France avant* 1789 (2 vol. in-8, librairie Arthur Rousseau). Les principales périodes depuis la seconde moitié du XVe siècle sont : 1° Seconde moitié du XVe siècle, rareté des métaux précieux et baisse des prix; 2° XVIe siècle, abondante production d'or et surtout d'argent et grande hausse des prix ; 3° de 1620 à 1750, état à peu près stationnaire de la production des métaux précieux et des prix : 4° dans la seconde moitié du XVIIIe siècle, accroissement de la production de l'argent et hausse des prix.

aussi facilement qu'aujourd'hui. Une grande activité commerciale fait monter d'ordinaire les prix; une crise commerciale les fait tout à coup baisser par suite de la mévente des produits. Des inventions industrielles, en facilitant la fabrication de certains produits, abaissent d'une manière définitive le prix de ces produits ; il en est de même du perfectionnement des moyens de transport, pour les matières exotiques.

La spéculation est parfois uue causé du renchérissement de certains articles, mais on est porté à en exagérer l'importance, la spéculation en hausse ne pouvant réussir longtemps que si elle est soutenue par l'état réel de la marchandise.

Il existe encore bien d'autres causes dont les économistes s'efforcent de mesurer l'intensité sans être parvenus sur ce point à des déterminations suffisamment précises. La production plus ou moins abondante des métaux précieux, le développement du crédit, l'activité de la circulation sont au nombre de ces causes.

Quelle a été, par exemple, de nos jours, l'influence du grand accroissement du stock métallique dans le monde? Influence que je crois indéniable, mais dont on a peine à mesurer l'intensité au milieu de la complexité des phénomènes de la circulation contemporaine.

II.

Première période.

Ce qui n'est pas douteux, c'est que dans la première moitié du xix⁰ siècle, le stock monétaire de l'Europe était bien moindre qu'il n'est aujourd'hui et que la production annuelle le grossissait beaucoup moins, moins même que vers la fin de l'ancien régime (1). Les colonies de l'Amérique espagnole, qui étaient alors (avec la Russie pour l'or) la principale source de métaux précieux, étaient en révolte contre leur métropole ou en révolution intestine et l'exploitation de leurs mines se trouvait interrompue ou très fortement réduite. La production annuelle, or et argent réunis, n'a pas dépassé et n'a même pas atteint, en moyenne, 200 millions pendant la période de la Restauration et celle du Gouvernement de Juillet.

Si l'on essaie de juger de la circulation en général par le mouvement du commerce extérieur, on constate, en France, que le commerce spécial a eu une croissance, mais que, malgré les développements qu'a commencé a prendre l'industrie durant cette double période, la croissance a été assez lente : 878 millions en 1820 après la crise de 1818, 1,676 millions en 1847. C'est une *première période* de 29 ans pendant laquelle, on le voit, l'augmentation moyenne annuelle du commerce extérieur de la France n'a été que d'une trentaine de millions.

Pendant cette période de maigre approvisionnement du marché en métaux précieux, les prix n'ont pas haussé. Ils ont même, à les prendre dans l'ensemble, quelque peu baissé.

En effet, M. Sauerbeck, qui a adopté pour base de ses index numbers la moyenne du prix de 1867-1877 représentée par 100, a calculé que le nombre-indice de 1819, commencement de la série calculée par lui sur 45 marchandises du marché anglais, était 118 (prix par conséquent plus élevé que celui de 1867-1877) et que celui de 1849 était seulement 74 (prix inférieur à celui de 1867-1877) (2).

(1) De 1781 à 1810, la production annuelle des métaux précieux avait été, d'après Soetbeer, de 258 millions; de 1811 à 1847, elle a été de 170 millions, dont un quart en or.

2) Cependant M. March (*Journal de la Société de statistique de Paris,*

Pour mesurer la diminution des prix pendant cette période la statistique douanière de la France fournit un document qui porte non sur quelques marchandises, mais sur l'ensemble des marchandises importées et exportées. Jusqu'en 1847, les prix qui servaient à calculer chaque année la valeur de ces marchandises avaient été fixés en 1826; c'étaient les « valeurs officielles ». A partir de 1847, l'administration, tout en conservant pendant quelques années encore les valeurs officielles, appliqua au calcul les « valeurs actuelles », c'est-à-dire les prix courants de l'année déterminés par la Commission des valeurs de douane. Or, en représentant par 100 l'ensemble des valeurs officielles de 1826, on trouve en l'année 1847 les nombre-indices suivants de la valeur actuelle : 97.5 pour les produits naturels et 87 pour les produits manufacturés (1). Il y avait donc eu diminution des prix.

avril 1910) a calculé, d'après certaines données, que le salaire d'un ouvrier charpentier, à Paris, avait augmenté, de 1806 à 1842, dans la proportion de 33 à 45 et que sa dépense en nourriture, chauffage, éclairage, loyer avait augmenté dans la proportion de 80 en 1804-1813 à 86.5 en 1839-1843. Dans cette augmentation, le loyer avait la plus forte part. Mais Paris ne donne pas la mesure de la France entière et les ouvriers charpentiers de Paris sont dans une situation exceptionnelle, ayant, pendant cette période, obtenu des augmentations de salaire à la suite de grèves. Toutefois nous avons établi nous-même, d'après les faits constatés, qu'il y avait eu vraisemblablement une légère augmentation des salaires en France pendant le règne de Louis Philippe (voir *Histoire des classes ouvrières et de l'industrie en France de 1789 à 1870*, t. II, p 261).

(1) La statistique douanière de l'Angleterre fournit un exemple plus remarquable (et cependant peu remarqué par les historiens des prix). Jusqu'en 1854, la douane anglaise enregistrait le prix des marchandises du commerce extérieur d'après une liste des prix dressée en 1698 : c'étaient des valeurs officielles invariables. En 1854, elle adopta le système des valeurs actuelles, calculées chaque année. Or, il s'est trouvé qu'en 1854 les valeurs actuelles donnèrent pour l'exportation 97 millions de livres sterling, tandis que les valeurs officielles avaient donné 214 millions de livres. Le prix en marchandises exportées avait donc, dans l'ensemble, diminué de plus de moitié en un siècle et demi et cela était dû en grande partie aux machines. C'est un fait positif qui est contraire à l'opinion qu'on se fait généralement sur les prix des siècles passés.

Cette diminution était même en réalité plus grande, parce que le total des prix de 1847, année de disette, a été affecté par une grande cherté du blé. En effet, le nombre-indice de la valeur actuelle des produits naturels n'est plus que de 88 en 1848, année de récolte abondante.

Les produits manufacturés, grâce aux progrès de l'industrie et surtout à la fabrication mécanique, avaient plus baissé de prix que les produits naturels (1) : ce qui est logique. Comme exemples nous citerons les tissus dont la machine avait déjà en partie transformé la fabrication : en 1847, le nombre-indice (les prix de 1826 étant 100 des tissus de coton est 34, celui des tissus de laine 39, celui des couleurs, industrie qui relève de la chimie, est 64, tandis que le nombre-indice du chanvre et du lin, produit agricole, est 125 et celui des bestiaux est 130.

III.

Deuxième période.

Une *deuxième période*, beaucoup plus courte, comprend les années 1849 à 1857. C'est la période de la soudaine et énorme production d'or de la Californie d'abord, puis de la Californie et de l'Australasie. Ces deux contrées ont versé sur le marché des quantités de métal jaune inouïes jusque-là : 700 millions d'or est la moyenne annuelle qu'a donnée Soetbeer pour la période décennale 1851-1860. D'autre part, durant la même période, le réseau des chemins s'est rapidement étendu en Europe et aux États Unis; la marine à vapeur s'est développée; le crédit, l'industrie, le commerce se sont développés aussi. C'est, en somme, une période de grande activité économique.

(1) Cette question est traitée en détail dans mon volume *La question de l'or*, publié en 1858.

Le commerce extérieur de la France, que nous citons comme indice d'un progrès qui était alors général, a passé de 1,662 millions en 1849 à 3,383 millions en 1856, avant la crise. Pendant cette période de huit ans, l'augmentation moyenne annuelle du commerce a donc été de 205 millions, sept fois plus grande que dans la période précédente.

La tendance générale des prix a été fortement prononcée dans le sens de la hausse ; les nombres-indices calculés par M. Sauerbeck ont passé de 74 à 105. Dans *La question de l'or,* ouvrage écrit au moment de la grande hausse que surexcitait la spéculation et peu de mois avant la crise de 1857 qui a mis les spéculateurs en déroute et a fait baisser les prix, nous avons calculé, d'après la comparaison des valeurs officielles et des valeurs actuelles du commerce extérieur, les rapports suivants en prenant pour base du calcul les « valeurs officielles », c'est-à-dire les prix de 1826 représentés par 100.

Nombres-indices du commerce spécial.

	1847	1848	1849	1850	1851	1852	1853	1854	1855	1856
Importation : Matières nécessaires à l'industrie.	99	88	92	102	99	101	111	103	111	124
Objets de consommation. { naturels	96	77	93	96	89	94	103	129	135	148
{ fabriqués	99	90	87	82	100	100	102	100	72	102
Exportation :										
Produits naturels	99	99	97	99	101	114	147	168	162	178
Produits manufacturés	75	76	87	93	90	96	101	99	93	98
Ensemble de tous les produits	91,8	86	91,2	96,4	95,8	101	112,8	119	118,6	130

Il y a donc eu pour l'ensemble des marchandises de l'importation et de l'exportation une hausse chaque année, laquelle a été particulièrement forte en 1849, 1853 et 1856. Relativement à l'ensemble des échanges, la monnaie avait donc perdu d'une extrémité à l'autre de la période 29.6 p. c. de sa puissance d'achat. La perte, on le voit, n'a pas été répartie également sur tous les groupes de marchandises; en 1856, pendant qu'à l'exportation les produits manufacturés restaient un peu au-dessous du taux de 1826, les produits naturels montaient à la cote 178. C'est, comme nous venons déjà de le faire remarquer, qu'on n'augmente pas aussi facilement la production des produits naturels que celle des produits manufacturés et que l'art industriel a plus de puissance pour réduire le prix de revient de ceux-ci que le prix de revient de ceux-là. Il est juste d'ajouter que la hausse des produits naturels depuis 1854 était due en grande partie à de très mauvaises récoltes.

Pour faciliter les comparaisons, M. March a ramené par le calcul à une même base, à savoir l'indice moyen de 1891-1900, les principales séries de nombres-indices qui étaient calculés, avec des bases diverses, dans différents pays (1). Le rapport des unes aux autres apparaît ainsi plus clairement; il montre partout le même phénomène de hausse. A Hambourg, la cote monte, en 1855, jusqu'à 166 pour les objets d'alimentation et à 158 pour les matières diverses; aux États-Unis, le nombre-indice atteint cette année le chiffre 138. En 1857, année où éclate une crise par suite de la tension de la spéculation et de la hausse excessive, les cotes sont à leur point culminant : 158 en Angleterre, 150 à Hambourg, 169 à l'importation en France, 137 aux États-Unis.

(1) Les prix de 1890-1900 étaient beaucoup moins élevés que ceux de 1867-1877; en effet, M. Sauerbeck leur assigne le nombre-indice 66.3, (ceux de 1867-1877 étant représentés par 100). Il en résulte que la série transformée par M. March, sur la base de 1890-1900, donne des nombres plus forts que ceux de M. Sauerbeck

IV.

Troisième période.

Dans une troisième période, de 1858 à 1873, les prix, comme nous l'avions dit dans notre premier article, ont oscillé de la hausse à la baisse et sont, en somme, restés à peu près au même niveau, excepté en 1864 et dans les deux années 1872 et 1873, années de grande activité commerciale succédant à la stagnation produite par la guerre franco-allemande; pendant ces années il y a eu une augmentation des prix analogue à celle de la seconde période. Pour la France, les nombres-indices oscillent à l'importation des objets d'alimentation entre 117 (nombre-indice de 1858, année de liquidation de la crise de 1857) et 148 en 1871, année de la guerre); à l'importation des matières diverses ils oscillent entre 153 (en 1869) et 185 (en 1863, année où éclata une crise). A Hambourg, ils oscillent entre 135 (en 1870, année de la guerre) et 160 (en 1873, année où éclata une crise); en Angleterre, entre 137 (année 1858) et 167 (année 1873); aux États-Unis, entre 122 (1859 et 1860) et 264 (année 1865, dernière année de la guerre de Sécession et régime du papier-monnaie très déprécié).

Le progrès du commerce extérieur a continué à être, en somme, plus rapide pendant cette période que pendant les précédentes. Ainsi le commerce spécial de la France, qui avait été de 3,383 millions en 1856, est monté à 7,358 millions en 1872; augmentation moyenne annuelle de 248 millions.

V.

Quatrième période.

La quatrième période s'étend de 1874 à 1896. Elle est caractérisée par une tendance à la baisse presque constante et fortement prononcée.

L'index-number général de M. Sauerbeck tombe de 167 en 1873 à 92 en 1896 (1).

En France, les nombres-indices, partant de 159 en 1872-1873, descendent rapidement aussi, après la crise de 1882, à 112 en 1884; puis ils atteignent, en 1896, leur niveau le plus bas : 91. Ces nombres-indices sont ceux de l'ensemble des marchandises à l'importation. On trouve à peu près les mêmes rapports en faisant le calcul seulement sur les objets d'alimentation ou sur les matières diverses; les premiers descendent jusqu'à 90 en 1896; les seconds à 90 aussi en 1894 et en 1897.

L'Allemagne donne 160 en 1874 et 91 en 1897; les États-Unis 169 en 1872 et 90 en 1896 et 1897.

Le mouvement prolongé de baisse est donc général; il apparaît d'une manière presque uniforme dans tous les pays qui possèdent une série statistique de prix.

La courbe du taux des salaires, quoique ayant une allure générale très différente de celle des prix, ressentait cependant, plus ou moins, fortement l'influence des variations des prix. Ainsi, en France les nombres-indices du salaire des ouvriers du bâtiment à Paris, calculés par M. March, étaient 57 en 1852, 70 en 1862, 76 en 1873, 97 en 1880 ; ils avaient gagné 40 points en 28 ans, soit 10/7 en moyenne par an; l'avance la plus rapide a été celle de 3 points par an de 1873 à 1886. Mais, de 1886 à 1900, le salaire est resté presque stationnaire : il n'avait gagné que 3 points en 1900. L'augmentation du salaire à Paris, avons-nous dit, n'est pas la mesure exacte du salaire en France; toutefois, ce qui est certain, c'est qu'il y a eu une augmentation

---

(1) Nous rappelons que ces nombres-indices sont ceux de la série transformée par M. March; ils correspondent aux nombres indices 111 et 61 que M. Sauerbeck donne en prenant pour base de comparaison la moyenne des prix de 1867-1877.

à peu près générale non seulement en France (1), mais dans tous les pays manufacturiers et commerçants avant 1880 et un ralentissement, quand il n'y a pas eu recul, depuis 1880.

Le nombre-indice 90 est le plus bas qu'on ait constaté au cours du XIX⁰ siècle pour le prix moyen général des marchandises. En l'année 1880 il s'était produit un relèvement passager, dû à la spéculation et plus encore à la hausse du prix du blé, conséquence d'une très mauvaise récolte en Europe; c'est la première année dont les prix se trouvent consignés dans la statistique des 70 lycées.

Pendant cette période de bas prix, les consommateurs n'ont pas fait entendre de plaintes ni manifesté de satisfaction. Mais les agriculteurs se sont plaints hautement; c'est alors qu'en France ils ont obtenu le droit de douane de 3, puis de 5 et de 7 francs par quintal de blé importé. Ce droit a subsisté lorsque les prix se sont relevés et subsiste encore.

Sous le rapport commercial, il y a eu des variations annuelles en hausse et en baisse, sans qu'il y ait eu réellement progression. Ainsi le commerce spécial de la France, qui, de 7,358 millions en 1872, s'était élevé à 8,501 millions en 1880 (en partie, il est vrai, à cause de l'importation du blé), est retombé à 7,094 millions en 1895. Il n'y a donc pas eu augmentation pendant cette période. La stagnation des affaires n'est pas propice à la hausse des prix; elle tend à déprécier les prix, et la dépréciation des prix à son tour décourage la spéculation (2).

---

(1) Voir les comparaisons que nous avons données à ce sujet dans les *Questions ouvrières et industrielles sous la troisième République* (librairie Rousseau) et dans *Salariat et salaires* (librairie Doin).

(2) Dans *L'Économiste français* M. de Foville a donné le tableau des variations des nombres-indices des prix du commerce extérieur, importation et exportation; ces variations sont à peu près les mêmes que celles des autres séries. En 1862, les prix de 1862 étant la base 100, il a trouvé à l'exportation 96 en 1827, 78 en 1847 : baisse; 111,5 en 1856, maximum de la hausse. En 1904, son nombre-indice est de 58,6 à l'exportation et de 62,2 à l'importation, grande baisse depuis 1862. Nous

VI.

Cinquième période.

Il s'est produit après l'année 1896 un arrêt dans la baisse, puis une tendance à la hausse, laquelle s'est fortement prononcée en 1907. L'index-number général de l'Angleterre d'après M. Sauerbeck (transformé par M. March) est remonté de 92 en 1896, à 113 en 1900; puis il est retombé à 105 (1) en 1902; en 1907, il est remonté à 120.

Les autres séries concordent à peu près avec celle-ci. A Hambourg, l'indice pour les objets d'alimentation était 93 en 1896, 108 en 1907, 105 en 1908 et 104 en 1909 (il y a eu baisse dans cette série comme pour les lycées), et était pour les matières diverses 94 en 1896. 126 en 1907, (année de la crise), 116 en 1908, 117 en 1909. La moyenne générale était 90 en 1896, 119, 112 et 102 en 1907, 1908, 1909. L'indice des États-Unis était 90 en 1896, 130 en 1907, 123 en 1908. En France, les nombres-indices sont :

	1896.	1907.	1908.	1909.
Objets d'alimentation. . . .	90	105	110	111
Matières diverses	94	130	117	120
Moyenne générale.	92	118	114	116

pourrions citer encore d'autres séries; dans toutes on retrouve à peu près les mêmes grandes oscillations de hausse et de baisse, à moins que de graves circonstances n'aient troublé le marché local.

(1) Le lecteur ne doit pas oublier que ces nombres indices sont, pour la série de Sauerbeck comme pour les autres, ceux que M. March a ramenés à la base uniforme des prix de 1891-1900 exprimés par 100. Les index-numbers de M. Sauerbeck ayant pour base la moyenne des prix de 1867-1877 sont naturellement différents, tout en restant proportionnels. Ainsi, M. Sauerbeck donne comme grand total 61 en 1896 (c'est le taux le plus bas), 75 en 1900, puis une baisse jusqu'à 69 en 1902-1903, ensuite un relèvement à 80 en 1907, suivi d'une baisse à 73 en 1908. En 1909, le taux est à 74; il est remonté à 79.1 en mars 1910 et à 78,1 en juillet 1910, à 78.2 en août, à 77.6 en septembre.

C'est aux États-Unis que la spéculation avait le plus fait monter les prix; c'est là (octobre 1907) que la crise a éclaté. Elle a fait baisser les prix en 1908; mais ces prix ont rapidement remonté et l'on peut dire avec les Américains que nulle part la vie n'a autant renchéri depuis quelques années que chez eux (1). En effet, les nombres-indices des produits de la ferme, qui étaient de 110.9 en 1900, se sont élevés à 135.2 en 1908, à 169.6 en 1909 et à 181 en mars 1910.

Une des causes de cet accroissement depuis 1892 nous paraît être la production des métaux précieux qui a de nouveau rapidement augmenté d'année en année, tandis qu'elle avait peu augmenté durant la période précédente. En effet, la production moyenne annuelle de 1871-1875 avait été de 1,087 millions; celle de 1886-1890 a été de 1,336 millions; augmentation peu considérable relativement au stock existant. Au contraire, la production moyenne de 1901-1905 s'est élevée à 2,835 millions; en 1890, elle avait été de 1,487 millions; en 1908, elle a atteint le chiffre de 3,524 millions

(1) L'enquête du Bureau du travail de Washington porte sur 257 séries de chiffres. Voici, depuis 1900, les résultats pour la catégorie des aliments, pour celle des vêtements et pour l'ensemble des marchandises :

	Aliments.	Vêtements.	Ensemble des marchandises.
1900 . . .	164.2	166.3	180.5
1901 . . .	165.9	101	108.5
1902 . . .	111.3	102	112.9
1903 . . .	107,1	106.6	113.7
1904 . . .	107.2	106.8	113
1905 . . .	108.7	112	115.9
1906 . . .	112.6	120	122.5
1907 . . .	117.8	126.7	129.5
1908 . . .	120.6	116.9	122.8
1909 . . .	124.7	116.6	126.5
Mars 1910 . . .	130'9	126.4	133.8

La moyenne des prix de 1899-1900 = 100.

Depuis 1908 les nombres-indices des matières premières ont beaucoup plus augmenté que ceux des produits manufacturés.

de francs, deux fois et demi plus fort que celui de 1890. En 18 ans (1890-1908) les mines ont versé environ 46 milliards 1/2 de métaux précieux qui forment une partie considérable du stock général de monnaie (calculé pour 47 États ou colonies) dans le monde civilisé que la Direction des monnaies des États-Unis a évalué à 93 milliards de francs. Il serait étonnant qu'un tel apport n'eût pas exercé d'influence sur les prix dont la monnaie est le dénominateur.

Il y a plus. L'or était alors devenu l'étalon monétaire de presque tous les peuples civilisés et le véritable dénominateur des valeurs sur le marché du monde. Or, c'est l'or dont la production a le plus augmenté. De 619 millions en 1890, cette production s'est élevée à 2,254 millions en 1908 (1), chiffre qui est plus de trois fois et demi celui de 1890. En dix-huit ans (1890-1905) la production totale de l'or a été de 25,710 millions; le stock général des monnaies d'or de 47 États ou colonies étant évalué à 75 milliards.

La production de cette période, qui avait fléchi en 1900-1901 pendant la guerre du Transvaal (2), a repris une telle allure ascendante que les trois dernières années (1906-1909) à elles seules n'ont pas fourni moins de 6,400 millions d'or.

Pendant cette période, le mouvement économique a été vivement stimulé. Nous estimons que l'affluence de l'or n'a pas été sans contribuer à l'impulsion en contribuant à la hausse des prix.

Le commerce des États d'Europe et d'Amérique a pris de nouveau un essor rapide. Le commerce spécial de la France, par exemple, était en 1895 de 7,094 millions ; il a

---

(1) Et même à 2,273 millions en 1909.

(2) L'Afrique, dont la production après s'être élevée à 60 millions de francs en 1890 était tombée momentanément à 45 millions, est remontée en 1908 à 850 millions, sur lesquels le Transvaal en a fourni 730. (Madagascar, qui commence à être un pays de production d'or, a fourni près de 10 millions.)

été en 1907 de 11,891 millions et en 1909 de 11,964 millions (1) : augmentation moyenne de 419 millions par an. C'est la plus forte augmentation annuelle que nous ayons relevée (2).

VII.

Les courbes diverses de nombres-indices.

Si les nombres-indices calculés par divers auteurs diffèrent quelque peu dans les détails, ils donnent cependant dans l'ensemble, comme nous l'avons expliqué dans notre premier article et comme le prouvent les chiffres que nous venons de citer, des courbes à très peu près parallèles à celles des index-numbers de M. Sauerbeck. Nous avons choisi principalement ceux de M. March qui sont calculés sur 45 marchandises à l'importation en France. Le sommet de sa courbe se trouve en 1857 avec l'indice 169. Cette courbe s'abaisse jusqu'à 144 en 1869, à cause des difficultés politiques qui gênaient alors l'essor des affaires; elle remonte à 159 en 1873 ; puis, par une pente presque continue, elle descend jusqu'à 91 en 1896 et se relève ensuite à 110 en 1900 et jusqu'à 119 en 1907; elle est à 114 en 1908 par un effet de la crise. Les nombres-indices des aliments importés diffèrent peu des chiffres généraux; ils sont à 136 en 1857, à 141 en 1873. Ils descendent ensuite jusqu'à 90 en 1896; ils sont, après relèvement, à 105 en 1908. Nous examinerons plus loin les résultats généraux des nombres-indices de 1908 à 1910.

De cette revue sommaire des périodes de l'histoire des prix, retenons, entre autres enseignements, ceux-ci :

1° Entre la hausse des prix et l'abondance de la production

(1) Le total du commerce de 1910 sera supérieur à celui de 1909.

(2) Il a faibli en 1908 sous l'influence de la crise américaine, mais il s'est relevé en 1909

des métaux précieux il y a une relation qui n'est pas proportionnelle, mais qui est évidente;

2° Il y a aussi une relation non moins évidente entre la hausse ou la baisse des prix et le développement du commerce extérieur qui, en général, augmente avec la hausse et est à peu près stationnaire avec la baisse. Pour faire comprendre cette seconde relation, nous avons pris l'exemple du commerce de la France; celui de la plupart des grands États aurait donné un résultat analogue;

3° Tous les index-numbers de M. Sauerbeck sont au-dessous de 100, ce qui signifie que les prix sont moins élevés aujourd'hui qu'en 1867-1877. D'après les calculs de M. March, avec la moyenne de 1891-1900 pour base, les nombres-indices sont tous au-dessus de 100: ce qui signifie que les prix sont plus élevés aujourd'hui qu'en 1891-1900 (1).

VIII.

La crise de 1907 et le renchérissement de 1910.

Si nous bornions nos conclusions aux données fournies par les lycées pour 1908-1910, nous ne donnerions qu'une idée incomplète des phénomènes et notre nombre-indice de 1910 se trouverait en contradiction avec la situation actuelle, parce qu'il est intervenu dans cette courte période deux faits considérables dans l'histoire des prix : la crise de 1907 et la mauvaise saison de 1910.

Du premier de ces faits nous trouvons l'indice dans les achats des lycées; c'est la crise qui a fait baisser les prix. Du second fait, il n'y a pas de trace dans notre statistique, puisque ce fait s'est produit dans la seconde moitié de l'année et que les prix fixés par adjudication l'avaient été avant le commencement de l'année.

(1) Voir relativement aux périodes le post-scriptum.

En 1907, les prix avaient monté d'une allure trop rapide pour que cette hausse ne présageât pas une crise. On la prévoyait en effet ; elle a éclaté en octobre 1907, à New-York. Le nombre-indice de la série américaine, qui était monté cette année à 130, n'a plus été que de 123 en 1908.

En Angleterre, il a passé de 120 en 1907 à 110 en 1908 ; puis il s'est relevé à 112 en 1909. A Hambourg, il est descendu de 119 en 1907 à 114 en 1908. En France, il était à 122 en 1907 ; il se trouve à 110 en 1908 et à 112 en 1909. Ces chiffres indiquent le point culminant qui a précédé la crise, l'affaissement immédiat après l'explosion de la crise, et en troisième lieu le relèvement, quand la liquidation a été à peu près faite.

M. March a tiré de deux de ces statistiques les nombres-indices suivants (la moyenne de la période 1890-1900 = 100) :

1908	Objets d'alimentation en Angleterre :	Marchés intérieurs en France :
1er trimestre.	108	113
2e —	108	110
3e —	106	110
4e —	103	109
1909		
1er trimestre.	104	109
2e —	112	111
3e —	108	112
4e —	106	115

Ces nombres-indices, sans concorder exactement avec ceux des lycées, montrent pour les denrées alimentaires, en Angleterre, une baisse en 1908 et dans le premier trimestre de 1909 et la même baisse pour les marchés intérieurs de France.

Aux États-Unis, après un fléchissement en 1908 à la suite de la crise, les prix se sont relevés aussi (1).

<hr>

(1) Les nombres-indices calculés par le Bureau du travail (Department of Com-

Pour les douze derniers mois dont nous avons les résultats au moment où nous écrivons cet article, nous voyons les nombres-indices suivants :

1909	Réforme économique (Prix moyens de 1890 = 100)	M. Sauerbeck (Prix moyens de 1867-1877 = 100)	The Economist (Prix moyens de 1845-1850 = 2200)	États-Unis (Prix moyens de 1890 1899 = 100)
Septembre. . .	102.6	74 7	2258	128 1
Octobre . . .	103.4	75 2	2306	199.0
Novembre. . .	105.4	75.5	2333	130 9
Décembre . . .	106.2	76.3	2390	132.2
1910				
Janvier . . .	107 2	77 1	2373	132.8
Février . . .	107.2	78 1	2396	133
Mars . . .	107.0	79.1	2414	133.8
Avril . . .	107 4	78 5	2416	—
Mai . . .	107.6	78.2	2411	—
Juin . . .	105.6	76 9	2368	—
Juillet . . .	106,8	78 1	2380	—
Août . . .	109.2	78.2	2401	—
Septembre. . .	108 8	—	—	—

Le relèvement des prix, quoique peu considérable en somme, est sensible dans les quatre séries (1).

Donc, malgré la diminution constatée et indéniable des prix dans les lycées pour 1909 et pour 1910, la tendance générale est une continuation de la hausse qui caractérise la cinquième période de l'histoire des prix depuis un siècle.

Les intempéries de l'année 1910 ont donné une nouvelle poussée à ce mouvement ascendant, sinon pour l'ensemble des marchandises, au moins pour les produits de l'agriculture.

merce and Labor) ont été (100 étant la moyenne des prix de 1890 1899) 122.5 en 1906, 129.5 en 1909, 122.8 en 1908 et 126.5 en 1909 pour l'ensemble des marchandises ; pour les produits naturels et matières premières, 133.4. 125.5, 136,8.

(1) Les prix mensuels étaient tombés au minimum : pour la Réforme économique, à 99.2, en février 1908 ; pour M. Sauerbeck, à 71.9 en février 1908; pour

Le premier semestre de l'année 1910 a été exceptionnellement défavorable : brouillards prolongés, pluies abondantes, température inférieure à la moyenne. La récolte du blé en France, dont on ne connaissait pas encore exactement le résultat au mois de septembre, était estimée inférieure à la moyenne des dernières années ; la vigne avait beaucoup souffert dans un grand nombre de régions. Le rendement des betteraves était au-dessous de la moyenne ; la culture des fruits et des légumes avait moins rendu qu'à l'ordinaire. Les pommes de terre manquaient et il se produisait dans la seconde moitié de 1910, c'est-à-dire dans la partie de l'année où se font les récoltes, un renchérissement qui a causé, tout d'abord, une vive émotion en France.

Au mois d'août 1910, laChambre syndicale des marchands de vin et des restaurateurs de Paris et du département de la Seine a tenu une grande assemblée dans laquelle il a été déclaré qu'il était nécessaire d'augmenter les prix, « par suite de la hausse énorme et persistante des vins à la propriété, s'ajoutant à l'augmentation considérable des denrées en général » ; plusieurs passèrent des paroles à l'acte : ils augmentèrent le prix des portions ou en diminuèrent la quan-

---

l'*Economist*, à 2,168 en août 1908. Dans les nombres-indices de M. Sauerbeck on ne voit pas de baisse sur les aliments (69 en 1905, 69 en 1906, 72 en 1907, 72 en 1908, 73 en 1909) ; mais on voit une grande baisse sur les produits des mines, des filatures et tissages, de sorte que le nombre-indice général de toutes les marchandises est 72 en 1905, 77 en 1906, 80 en 1907 (année de la crise), 73 en 1908. 74 en 1909.

De nouvelles preuves de ces variations se trouvent dans le dernier *Rapport de la Commission des valeurs de douanes*. Voici par exemple les prix anglais de la laine lavée à fond (livre anglaise, prix en deniers) :

	1900	1906	1908	1909
Port Philippe . . .	19 1/2	28 1/2	26 1/2	28 1/2
Buenos-Ayres. . . .	14 1/2	22 1/2	19 1/2	22 1/2
Le Cap	13 1/3	21	17 1/2	20 1/0
		enchérissement	baisse	relèvement

tité. Mais les restaurateurs étaient des témoins trop intéressés pour être impartiaux,

Le prix du blé et celui de la farine augmentèrent. Le blé était coté à la Bourse de commerce de Paris 25.75 le 18 juillet 1900, il le fut à 28 francs huit jours après. Des boulangers augmentèrent le prix du pain.

On ne remarquait pas assez qu'à cette époque de l'année, depuis le mois de juin, il se produit d'ordinaire une hausse du prix du blé. La spéculation ne prévoyait pourtant pas que le mouvement de hausse s'accentuerait davantage, puisque la Bourse cotait alors à terme pour la fin de l'année le quintal à 26 francs.

Des agriculteurs qui espéraient un renchérissement et qui pouvaient attendre (or, le développement du crédit agricole permettait d'attendre à des cultivateurs qui ne l'auraient pas pu auparavant), ne s'empressaient pas d'offrir leurs grains sur le marché.

Il n'y a pas à craindre de disette, quoique la récolte générale du monde parut, d'après certaines évaluations, devoir être probablement un peu inférieure à celle de 1909 (1).

Les boulangers et les consommateurs, qui se plaignaient du prix du blé et du pain et qui étaient enclins à l'attribuer à la spéculation, ne faisaient pas assez attention au droit d'entrée de 7 francs par quintal de froment, qui, s'il pèse

		Millions de quintaux	
		1910	1909
(1) Évaluations			
Du Ministère de l'Agriculture de Hongrie.	. .	991	969
Du Ministère de la République Argentine.	. .	937	960
Brooms all's Corn trade News	. . . . .	948	998
Dornbusch's Floating Cargoes	. . . . .	941	985
Moyenne,	. .	954	974

Cependant, il y a des pays, comme la Russie, qui ont eu cette année une bonne récolte.

peu sur le prix en temps d'abondance, se fait, au contraire, sentir en temps de hausse (1). Ainsi, le quintal de blé, qui ne valait que fr. 19.87 à Bruxelles et fr. 19.80 à Londres le 15 août, était, le 17, à la cote de fr. 28.25 à Paris (2).

Quand on a connu avec plus de certitude les résultats approximatifs de la récolte de froment, on a constaté que, si le déficit est grand, il était moindre cependant que la panique ne l'avait fait supposer tout d'abord. La récolte de 1909 avait été de 97.7 millions de quintaux; mais c'était une récolte exceptionnellement belle ; car la moyenne décennale 1908-1909 était de 91 millions. Or, celle de 1910 a été évaluée à 73 millions 1/3 de quintaux par le *Bulletin des Halles*, à 66.3 millions par le Comité permanent de la vente du blé qui est porté à donner un chiffre plutôt faible que fort, et à 72 millions par le Ministère de l'Agriculture dont l'évaluation a en général plus de précision que les autres. En outre, l'hectolitre pèsera moins qu'à l'ordinaire. Le déficit probable serait ainsi d'environ 19 millions de quintaux (3).

Il y a donc une cause sérieuse de hausse, mais de hausse limitée. Cette hausse procurera sans doute un profit à une minorité de cultivateurs qui ont obtenu à peu près leur récolte ordinaire; mais elle causera un très grave préjudice aux ménages d'ouvriers qui paieront non seulement le pain,

(1) Si le droit de 7 francs est maintenu (ce qui est très vraisemblable) et s'il était importé 20 millions de quintaux pour combler le déficit de la récolte, la recette de la douane serait de 140 millions. Mais il y a, en France, des réserves des récoltes antérieures, et, d'autre part, la cherté restreindra sans doute un peu la consommation. Cependant la recette de la douane ne sera guère de moins de 100 millions.

(2) Il était encore à fr. 28.25 le 13 octobre à Paris. Il était alors à 19 francs à Bruxelles, à fr. 18.36 à Londres, à 19.46 à New York; la différence étant de plus de 7 francs, il y avait matière à importation.

(3) C'est à peu près la différence présumée de la récolte du monde entre 1909 et 1910.

mais le vin, probablement aussi la viande et les légumes plus cher qu'à l'ordinaire, et, d'autre part, beaucoup de petits cultivateurs et de vignerons souffriront par suite de l'insuffisance de leur récolte.

La crise du vin sera plus forte que celle du blé. La récolte ne dépasse pas, dit-on, 40 millions d'hectolitres au lieu d'une récolte moyenne de 55 à 60 millions, et il y a de grandes régions qui n'ont eu pour ainsi dire pas de récolte. Le prix de l'hectolitre de vin commun du Midi est monté à 25 et 30 francs. Il était tombé jusqu'à 7 et 8 francs en 1906-1908, période calamiteuse pour les vignerons; mais il était remonté en 1909 à 14 francs, prix encore quelque peu inférieur à la moyenne de 1875-1890, laquelle, d'après M. Leroy-Beaulieu, avait été de 18 à 20 francs.

Les pommes de terre ont manqué; le prix a augmenté d'environ 30 p. c. (1). Le gouvernement vient de prendre, au mois d'octobre, une sage mesure en levant, par décret, l'interdiction qui arrêtait à la frontière l'importation des États-Unis.

La viande manquera-t-elle aussi? Les prix ont monté, comme on peut le voir par la comparaison des cours du marché de la Villette, le 8 septembre 1909 et le 8 septembre 1910 (prix du kilogramme de viande nette).

	1909	1910
Bœuf 1re qualité	1,62	1.72
— 2e —	1.32	1 30
Veau 1re qualité	1,91	2.42
— 2e —	1,64	2.10

La Confédération générale du travail et le parti socialiste ont pris thème de la hausse pour accuser la spéculation. Ils

(1) A Paris on paie chez beaucoup de détaillants fr. 0.25 le kilogramme de pommes de terre qui coûtait fr. 0.15 l'an dernier.

ne savent pas, ou ils veulent oublier, qu'il y a trente ans le prix du blé était et est resté pendant nombre d'années au-dessus de fr. 28.25 (1), que ce prix avait baissé par plusieurs causes dont les principales sont l'accroissement de rendement de la terre dû au progrès de la science et du capital agricole, et à la spéculation commerciale qui a approvisionné les marchés européens. Le 30 août, le Comité confédéral de la Confédération générale du travail a voté un ordre du jour portant que « les citoyens présents, affamés par les exploiteurs, se rendant compte de la hausse anormale des aliments et des loyers, protestent contre les fauteurs responsables de cette hausse, notamment les gros et petits commerçants... » Il fallait bien profiter d'un accident de la nature pour incriminer le capital et le patronat.

Le renchérissement actuel est vraisemblablement dans son ensemble la reprise du mouvement de hausse qui s'est produit depuis 1896 et que la liquidation de la crise de 1907 avait enrayé pendant quelque temps. Les adjudications des lycées pour 1911 en sentiront probablement l'effet.

IX.

Quelques conclusions finales.

Pour ne pas compliquer le problème, nous avons limité la présente étude aux variations du prix des marchandises

(1) En remontant dans le passé, on constate que le prix du quintal de blé a été douze fois, de 1600 à 1630, au-dessus de 28 francs (prix ramené à sa valeur en monnaie actuelle), à la Halle de Paris.

Au XIXᵉ siècle, le prix du blé est resté presque tous les ans au-dessus de 28 francs le quintal (prix moyen pour la France entière) de 1845 à 1881. En 1856 il est monté à 40 francs.

En Belgique, le quintal (prix moyen sur les marchés de la Belgique) a varié de 1866 à 1883, entre fr. 27.25 et fr. 36.92 et il a été onze fois au-dessus de fr. 28.25. Au contraire, de 1893 à 1908, il a varié entre fr. 20.55 et fr. 13.61, grâce à la liberté de commerce.

et spécialement pour la partie de l'étude qui concerne les lycées, aux variations du prix des denrées alimentaires dans le commerce de demi-gros. Nous n'avons, par conséquent, pas eu à aborder (sinon en quelques mots) la question du prix des services et, entre autres services, celle du taux des salaires; nous l'avons traitée maintes fois dans notre enseignement et dans nos publications (1).

Les variations du taux des salaires sont liées en partie aux variations du cours des marchandises; souvent les salaires haussent quand il se produit une hausse continue du prix des marchandises et surtout du prix des vivres occasionnée, non par rareté accidentelle et passagère de ces vivres, mais par un développement de la consommation, et ils restent stationnaires ou même diminuent, soit par une réduction du prix de l'heure, soit par une réduction du nombre d'heures de travail, quand l'industrie est en souffrance. Cependant ces deux mouvements, prix des marchandises et taux des salaires, sont très loin d'avoir une allure parallèle ; car le taux moyen des salaires, en France comme dans la plupart des autres pays d'Europe, a une tendance générale — nous l'avons déjà dit — plus ou moins prononcée à la hausse, interrompue seulement par intervalles.

Quand on traduit par des courbes ces deux mouvements, on voit l'une, celle des marchandises, oscillant et en définitive baissant, et l'autre, celle des salaires, montant, avec beaucoup moins d'oscillations, de sorte que l'écart entre l'une et l'autre est devenu avec les années plus grand, surtout pour les produits manufacturés. Le revenu de l'ouvrier lui fournit ainsi doublement le moyen d'acheter aujourd'hui

(1) Voir principalement l'*Histoire des classes ouvrières et de l'industrie en France, de 1789 à 1870*, et *Questions ouvrières et industrielles sous la troisième République* (librairie Rousseau), et *Salariat et salariés* (librairie Doin).

plus de marchandises qu'il y a un demi-siècle et surtout qu'il y a un siècle. Je n'insiste pas sur cette divergence que les publications du Bureau of labor de Washington ont souvent mise en évidence par des enquêtes et par des graphiques; je me borne à signaler le dernier numéro du *Journal of the Royal Statistical Society* dans lequel se trouve une étude détaillée du salaire de l'industrie cotonnière au XIX siècle. La courbe moyenne de ce salaire, qui avait beaucoup baissé jusqu'en 1830, s'est élevée depuis cette date d'une montée presque continue (excepté la dépression qui a suivi la crise de 1873) de 90 pence par semaine en 1831 à 238 pence en 1906. Quand le socialisme accuse le capitalisme de déprimer le salaire, il ne prend pas la peine de consulter de telles statistiques.

Revenons aux prix des marchandises.

On peut considérer la valeur de l'argent sous différents aspects. Les trois principaux que nous devons signaler pour terminer ce travail sont la valeur intrinsèque, la valeur commerciale et la valeur sociale de la monnaie.

A. — Valeur intrinsèque.

On entend par **valeur intrinsèque de la monnaie** le poids de métal fin contenu dans l'unité monétaire.

Cette valeur avait beaucoup changé sous l'ancien régime, puisque la livre tournois qui, comme monnaie de compte (il n'y avait pas de pièces d'une livre), équivalait au poids d'environ 20 francs en argent sous saint Louis, en contenait à peine autant que 1 franc en 1789.

Pendant la première moitié du XIX° siècle, la valeur intrinsèque du franc, unité monétaire, était légalement égale à celle d'un lingot d'argent fin pesant 4.50 grammes; elle l'était réellement aussi parce que le franc d'argent était

la mesure ordinaire des valeurs en France et que la
monnaie d'or, rare alors, n'était pas la régulatrice des prix.
Depuis 1865, par suite de la constitution de l'union monétaire latine, la pièce de 1 franc a cessé de contenir 4 gr. 50
d'argent fin et l'or est devenu peu à peu le grand régulateur
des valeurs, de sorte que, puisque la pièce de 20 francs pèse
6 gr. 4516 et contient 5 gr. 8065 d'or fin, la valeur intrinsèque du franc est en réalité égale à la valeur commerciale
de 29 centigrammes d'or fin.

B. — Valeur commerciale.

On entend par **valeur commerciale de l'argent** la puissance d'achat de la monnaie, c'est-à-dire la quantité moyenne
de marchandises que peut acheter l'unité monétaire. C'est la
valeur commerciale qui fait l'objet de la présente étude. Quand
le prix d'une marchandise baisse, la valeur commerciale de
l'argent augmente relativement à cette marchandise ; quand
les prix montent, la valeur de l'argent diminue. On peut
calculer la valeur commerciale de l'argent par rapport à
une marchandise déterminée, c'est-à-dire le prix et les
variations de prix de cette marchandise : recherche qui,
pour la vente en gros, donne des résultats très précis, quand
les cotes du marché fournissent des séries régulières de
données. On peut chercher à déterminer cette valeur pour
une catégorie spéciale de marchandise; nous l'avons fait
pour les denrées consommées dans les lycées. On peut
essayer de le faire pour l'ensemble des marchandises d'un
pays; mais on doit avouer qu'on n'obtient ainsi qu'une
approximation plus ou moins voisine de l'exactitude ; c'est
un résultat de ce genre que fournissent la plupart des nombres-indices que nous avons cités comme termes de comparaison.

Chaque marchandise a son allure propre. Quand on représente par des courbes sur un même graphique le prix d'un grand nombre de marchandises durant une série d'années, on voit les courbes diverger, s'enchevêtrer, descendant ou montant, mais cependant formant d'ordinaire des faisceaux dont la direction dominante correspond au nombre-indice moyen du groupe. La tendance n'est pas la même pour tous les groupes. On peut distinguer : 1° le groupe des denrées agricoles qui, lui-même, comprend au moins deux sous-groupes, celui des produits de la culture du pays qui, ne pouvant pas être multipliés à volonté par le travail local, ont en général une tendance à monter ou à moins diminuer que les autres groupes, et celui des produits exotiques dont la tendance est plutôt à la hausse grâce à l'extension presque indéfinie des territoires de production et au bon marché des transports; 2° les produits des mines et carrières dont les courbes présentent de grandes diversités ; 3° les produits de l'industrie qui sont en général ceux dont la tendance à la diminution des prix est la plus accentuée, grâce aux progrès incessants des moyens de production (1) ; 4° les biens fonciers qui sont le plus souvent en hausse dans les agglomérations urbaines et aussi, quoique dans une moindre proportion et avec de nombreuses exceptions, dans les campagnes agricoles.

(1) M. Sauerbeck distingue divers groupes dans ses index numbers. On sait que sa base est la moyenne des prix de 1867-1877, représentée par 100. Or, en 1908, tous les nombres-indices sont inférieurs à 100, ce qui signifie que de 1867-1877 il y a eu diminution de prix ; mais cette diminution n'est pas la même pour toutes les catégories de marchandises. Ainsi, pendant que la moyenne générale est à 74 (en 1908), les denrées alimentaires du règne végétal sont à 79 (nombre-indice qui est plus faible en Angleterre qu'en France, à cause de la grande importation en franchise de céréales et autres végétaux), les aliments du règne animal sont à 89, (ici encore l'importation en franchise influe, mais moins sensiblement), le sucre, le thé et le café, articles d'une très forte importation, sont à 50, les produits des mines sont à 86, les produits de la filature et du tissage, dont les perfectionnements mécaniques ont facilité la production, sont à 64.

Il faudrait, en outre, pouvoir tenir compte de la diversité des prix d'une même marchandise, prix de gros, de demi-gros, de détail, qui varient, surtout dans le détail, d'une localité à une autre : ce qui n'est pas facile.

Ces quatre groupes ne sont composés que de marchandises, meubles et immeubles. Les services de transport, par terre et par mer forment une autre catégorie dont les prix ont en général considérablement diminué par suite de l'emploi de la vapeur et de l'électricité.

Il en est autrement des services personnels, service de bureau, ou de commerce, service des professions libérales, service d'ouvrier, service de domesticité, qui tous, bien qu'ayant, comme nous l'avons dit, des liens avec la valeur des marchandises, sont cependant régis par des lois différentes. Ils ont presque tous augmenté, dans des proportions très diverses sans doute, mais en somme, dans des proportions généralement plus fortes et avec une continuité d'augmentation plus régulière que n'a augmenté le prix des marchandises.

Pour obtenir la moyenne précise de la valeur commerciale de l'argent, il faudrait pouvoir calculer le nombre-indice de tous ces éléments, et en calculer la moyenne en donnant à chacun le coefficient d'importance qui lui convient, étudier séparément toutes les influences qui ont pu agir sur la hausse et sur la baisse (1). Comme il est impossible de rassembler et de jauger tant d'éléments, les nom-

(1) Dans un des derniers numéros du *Bulletin of the Bureau of Labor*, de Washington, se trouve une énumération des principales causes qui influent sur la hausse et la baisse : récoltes, saisons et exodes, impôts, degré d'activité de la consommation, prix des transports, organisation du marché, paniques commerciales, surproduction, différends entre entrepreneurs et employés, trusts et cartels. L'auteur aurait dû ajouter deux causes importantes : les crises commerciales et la production plus ou moins abondante des métaux précieux, que nous avons signalées dans cette étude.

bres-indices de la puissance générale d'achat de la monnaie ne peuvent être que des approximations plus ou moins
proches de la réalité. Il importe de le dire au lecteur afin
de ne pas abuser de sa confiance dans les chiffres; mais
il faut ajouter que ces approximations, quand elles sont
faites avec conscience, sont intéressantes et sont instruc-
tives; ajoutons même qu'elles sont nécessaires pour la
connaissance de l'état économique de la société actuelle.

<h3 style="text-align:center">C. — Valeur sociale.</h3>

On entend par **valeur sociale** de l'argent (1) la somme de
monnaie qu'il est de nécessité ou tout au moins d'usage
et de convenance de dépenser pour tenir son rang dans
l'échelle sociale, à quelque degré de cette échelle qu'on se
trouve placé. La plupart des statisticiens ne dégagent pas
assez, dans leurs études, cette valeur sociale de la valeur
commerciale, et cependant elle joue un rôle considérable
dans le coût de la vie; c'est elle qui fait dire que la vie est
beaucoup plus chère dans la grande ville qu'au village, et
que la vie renchérit sans cesse.

Nous ne pouvons qu'indiquer ici en quelques mots un
sujet qui exigerait de longs développements.

Disons que cette valeur sociale a beaucoup diminué depuis
trois quarts de siècle, non par suite d'une augmentation
du prix des marchandises, mais par suite d'une augmentation

---

(1) M. Vieujant a donné dans un article de la *Revue de Belgique*, des preuves
positives de l'accroissement des dépenses de la vie concordant avec une diminution
de prix de chaque unité de marchandise. Les 17 articles qu'il a comparés dans le
catalogue des prix des établissements Delhaize et Cie coûtaient, en 1875, fr. 16.86 ;
ils ne coûtent plus en 1910 que fr. 10.03 ; diminution de 40 p. c. Mais le catalogue
de 1875 ne remplissait que 17 pages; celui de 1910 en remplit 130, c'est-à-dire
qu'une grande quantité de produits nouveaux ont été mis à la disposition du
public et trouvent des consommateurs ; le menu des ménages est plus copieux. Mais
il faut payer ce supplément de bien-être. Voir le post-scriptum.

des besoins. Il faut un effort d'esprit et une étude rétrospective des faits pour prendre conscience de cette augmentation par la comparaison de la manière dont on vivait
jadis et dont on vit aujourd'hui. Les besoins augmentent
à mesure que les progrès de l'agriculture, de l'industrie,
des transports, du commerce sollicitent nos désirs par de
nouveaux moyens de satisfaction et à mesure que la
richesse d'une population augmente, parce que cette population se trouve mieux en mesure de se procurer de nouvelles satisfactions. Il y a cent ans, on ne songeait pas aux
chemins de fer, au télégraphe, au téléphone ; des ouvriers
n'auraient jamais eu l'idée d'acheter une bicyclette s'il y en
avait eu, parce qu'ils n'en auraient pas eu les moyens. Les
revenus ont augmenté dans presque toutes les classes de
la société, et ces classes ont élevé le niveau de leurs besoins et de leurs dépenses à la hauteur de ces revenus.
C'est à ce titre qu'on peut dire que la vie a renchéri ; on
s'en plaint sans réfléchir qu'on paie ainsi un supplément
de jouissances.

J'ai traité cette question dans l'*Histoire des classes ouvrières
et de l'industrie en France* (1) et dans les *Questions ouvrières et
industrielles sous la troisième République* (2); j'en ai donné un
résumé dans *Salariat et salaires* (3)«... Quand on consulte la
statistique, dis-je, on voit qu'en 1851 la recette des chemins de fer en France représentait une dépense moyenne
par habitant de 22 francs ; en 1902 cette moyenne était de
339 francs. Or, c'est la troisième classe, c'est-à-dire les
petites bourses, qui a le plus contribué à former cet amas

(1) *Histoire des classes ouvrières et de l'industrie en France de 1789 à 1870*
(librairie Rousseau) tome II p. 721 et suiv.
(2) *Questions ouvrières et industrielles sous la troisième République* (librairie
Rousseau) p. 557 et suiv., p. 631 et 632.
(3) *Salariat et salaires* (librairie Doin), p. 225 et suiv.

de millions. A Paris, la dépense en omnibus, tramways, bateaux s'était élevée de fr. 18.32 par habitant en 1856 à 29.90 en 1886.

La photographie, la bicyclette, les magasins de confection, bien d'autres nouveautés, ont créé, comme les chemins de fer, des besoins qui ont amené des dépenses nouvelles dans la classe ouvrière; l'automobile en a créé dans la classe aisée qui sont coûteux. L'alimentation des paysans et des ouvriers de ville n'est plus du tout ce qu'elle était vers 1830 (1). Il y a, sous ce rapport, une transformation sociale qui est loin d'être à son terme et qui continuera avec le progrès des inventions, de la richesse et de l'instinct démocratique (2).

Un phénomène psychologique est à noter qui explique pourquoi le progrès général du bien-être n'est pas suffisamment apprécié. La satisfaction d'un besoin nouveau, soit parce que la chose est en elle-même nouvelle, soit parce que la personne possède récemment les moyens de se procurer la chose, cause un plaisir sensible dans les premiers temps.

(1) Voici un exemple, entre cent autres, de l'accroissement des dépenses de bouche. Le café, en France, est moins un aliment qu'une consommation de luxe ; or, en 1846, la population de la France étant de 35 millions 1/2, la consommation du café était de 168,470,000 kilogrammes valant 15 millions de francs ; en 1909, la population étant d'environ 39 millions 1/2, la consommation a été de 1,079,000 kil. valant 112 millions.

(2) Voici une preuve d'un autre genre des exigences actuelles de bien-être qui ont augmenté en général les dépenses des familles à Paris. On parle beaucoup de l'augmentation du prix des loyers et les locataires s'en plaignent. M. March a fait récemment une enquête qui a porté sur plus de 4,000 logements dont l'aménagement intérieur n'a pas changé ou a peu changé depuis une trentaine d'années. Or, il y a augmentation dans toutes les catégories moins celles des loyers de cent francs au plus et de plus de 5,000 francs dont le prix au contraire a diminué. Pourquoi cette contradiction ? C'est que la population pauvre ne se contente plus des chambres louées jadis moins de 100 francs et que la population aisée, qui met un prix beaucoup plus élevé en général à son loyer que jadis, a abandonné les anciens appartements qui n'offrent pas les mêmes commodités, électricité, salle de bain, ascenseur, que les constructions nouvelles.

Mais on arrive bientôt à regarder cette jouissance comme une des conditions ordinaires de la vie et l'on ne s'aperçoit plus du changement que si l'on vient à en être privé. Une famille dont l'aisance est tout à coup réduite ressent péniblement le resserrement de son existence; au contraire, une population dont le bien-être s'est accru progressivement cesse au bout d'un certain temps d'en éprouver le contentement qu'elle en avait espéré d'avance. L'habitude émousse la sensation du plaisir ».

Dans la revue rétrospective que nous venons de faire des cinq périodes de l'histoire des prix, nous avons vu que la hausse avait coïncidé avec un accroissememement de la production des métaux précieux, et, sans chercher à déterminer, comme le comporterait l'application de la théorie quantitative, une relation numérique entre cette production et la valeur commerciale de l'argent, nous pensons que cette production peut être comptée comme une des causes qui ont influé sur l'activité générale des affaires et sur l'accroissement du prix des marchandises et des services.

É. LEVASSEUR.

POST-SCRIPTUM. — Cet article était sous presse lorsque j'ai reçu un ouvrage très documenté. *Histoire du commerce local et des industries qui s'y rattachent dans la région stéphanoise et forézienne*, par L. J. GRAS. Les séries de chiffres de cet ouvrage relatifs à Saint-Étienne sont en général conformes aux variations par périodes dont nous avons donné la suite. Ainsi, 21 denrées qui valaient 328 francs en 1873, en valaient 314 en 1884 : baisse ; 33 denrées qui valaient 312 francs en 1884 en valaient 217 en 1885, baisse plus forte ; 68 denrées qui valaient 254 francs en 1900 en valaient 315 en 1909 ; relèvement des prix.

Dans un ouvrage tout récent et très documenté aussi, *Due secoli di vita agricola* de M. Salvatore Pugliesi, je trouve les prix de la ville de Verceil et du Piémont qui confirment aussi nos divisions périodiques, même pour le XVII⁰ et le XVIII⁰ siècle.

DEUXIÈME POST-SCRIPTUM. — Dans le numéro d'avril 1910 du *Journal de la Société de statistique de Paris*, M. March a donné, sous le titre de *Influence des variations des prix sur le mouvement des dépenses ménagères à Paris*, les résultats d'une enquête faite par la Direction générale du travail. Ce travail confirme sur presque tous les points les données et les conclusions de notre propre travail. En voici quelques extraits :

1° *Variations des nombres-indices.* — « L'examen des chiffres met en évidence l'effet de l'élévation des prix après la guerre de 1870-1871. Dans toutes les colonnes la dépense des ménages est au maximum au cours des années 1875-1878. A partir de la période 1878 1882, la dépense diminue plus ou moins régulièrement, quel que soit le budget considéré, jusqu'en 1900. A partir de 1900, la dépense totale continue à décroître jusqu'en 1906, pour se relever ensuite en 1907-1908, et fléchir de nouveau en 1909, tandis que la dépense comptée sans vin ni sucre (1) commence un mouvement d'ascension dès 1901, mouvement qui continue ensuite en s'accentuant en 1907 et 1908, et cesse en 1909 ».

« On voit que le niveau moyen de la dépense de l'ouvrier charpentier ne serait pas plus élevé que vers 1840, si le genre de vie de la famille était resté uniforme. »

2° *Rapport des prix de gros et des prix de détail.* — « Si l'on compare des courbes des dépenses ménagères (nourriture, chauffage, éclairage), aux courbes qui représentent les prix de gros dans plusieurs pays, on constate que le mouvement de la dépense ménagère se conforme, d'une manière générale, au mouvement des prix de gros ».

« Les tarifs d'économat ou de sociétés coopératives de consommation diffèrent des prix de gros et des prix de détail ; dans le détail les prix sont très variables d'un magasin à l'autre. On constate que la dépense effectuée basée sur les déclarations des intéressés est supérieure au chiffre que l'on obtient quand on base le calcul sur des prix d'économat. Elle est supérieure d'un quart pour la famille bourgeoise (étudiée par M. Beaurin-Gressier), de plus d'un tiers pour la famille ouvrière (étudiée par M. du Maroussem) Des deux familles, c'est la famille ouvrière qui semble payer le plus. De l'ensemble des renseignements recueillis il m'a semblé que, en général, l'achat du même article chez un détaillant ordinaire exige une dépense plus forte de 10 p. c. quand il s'agit de la viande, de 20 environ quand il s'agit de comestibles divers, que si cet achat est fait dans un économat, dans une société coopérative ou dans un grand magasin d'approvisionnement ».

« Les oscillations de la dépense ménagère, depuis le commencement du siècle dernier, relative à la nourriture, au chauffage et à l'éclairage, sont d'ordinaire dans le même sens que la courbe générale des prix. »

(1) Le droit de consommation sur le sucre a été abaissé en 1900, de 60 à 25 francs, et l'octroi sur les vins à Paris a été supprimé en 1901.

Singulière coïncidence! Dans un cours d'enseignement secondaire et supérieur pour les jeunes filles, cours payant qui reçoit un grand nombre d'élèves, ce nombre a été en augmentant de 1871 à 1880 (période de hausse des prix); il a baissé de 1882 à 1896 (période de baisse des prix), il a augmenté de nouveau depuis 1896 (période de hausse des prix).

3° *Valeur sociale en argent résultant de l'accroissement des besoins.* — Les nombres-indices des loyers au-dessous de 100 francs étaient : 66, en 1852; 103, en 1878; 97, en 1908; ceux des loyers au-dessus de 5,000 francs dans les maisons anciennes étaient 105 en 1889 et 97 en 1908, tandis que les catégories intermédiaires étaient en 1908 à 102 ou 103, la base 100 étant le nombre-indice de l'année 1900. « On peut ajouter que la proportion des locaux vacants a diminué dans toutes les catégories, à l'exception de la catégorie des locaux de moins de 100 francs, où elle a notablement augmenté. »

M. March a relevé les prix d'un grand restaurant populaire depuis l'année 1868. Le prix moyen d'un repas a augmenté de 70 p. c. (fr. 1.40, en 1865; fr. 2.48, en 1908) et cependant, le prix moyen des plats paraît n'avoir augmenté que de 40 p. c. C'est que les convives se nourrissent mieux et, pour se nourrir mieux, ils dépensent davantage. De 1888 à 1908, l'augmentation du prix des plats a été seulement de 10 p. c. Dans mon ouvrage sur *La population française* (tome III, p. 91), j'ai reproduit le résultat d'une enquête sur le salaire des maçons, à Paris, faite par la Société centrale des architectes français, qui constate que la famille du maçon dépensait en moyenne 1,370 francs (1,050 nourriture, 120 logement, 100 vêtements, 100 divers) en 1840, et 2,380 francs (1,630 nourriture, 350 logement, 150 vêtements, 250 divers) en 1890. Le salaire moyen était de 1,430 francs en 1840, de 2,400 francs en 1890. Voir dans *La population française* le détail qui atteste un notable accroissement de bien-être.

É. L.